Typisch männlich!?

Leipziger Gender-Kritik

Herausgegeben von
Ilse Nagelschmidt und Kristin Wojke

Band 1

Frankfurt am Main · Berlin · Bern · Bruxelles · New York · Oxford · Wien

Ilse Nagelschmidt/Kristin Wojke (Hrsg.)

Typisch männlich!?

Fachtagung zum Welttag des Mannes 2007

PETER LANG
Internationaler Verlag der Wissenschaften

Bibliografische Information der Deutschen Nationalbibliothek
Die Deutsche Nationalbibliothek verzeichnet diese Publikation
in der Deutschen Nationalbibliografie; detaillierte bibliografische
Daten sind im Internet über <http://www.d-nb.de> abrufbar.

Gedruckt auf alterungsbeständigem,
säurefreiem Papier.

ISSN 1868-145X
ISBN 978-3-631-58167-4
© Peter Lang GmbH
Internationaler Verlag der Wissenschaften
Frankfurt am Main 2009
Alle Rechte vorbehalten.

Das Werk einschließlich aller seiner Teile ist urheberrechtlich
geschützt. Jede Verwertung außerhalb der engen Grenzen des
Urheberrechtsgesetzes ist ohne Zustimmung des Verlages
unzulässig und strafbar. Das gilt insbesondere für
Vervielfältigungen, Übersetzungen, Mikroverfilmungen und die
Einspeicherung und Verarbeitung in elektronischen Systemen.

Printed in Germany 1 2 3 4 5 7

www.peterlang.de

Inhalt

Vorwort
„Typisch männlich!?" oder Was macht den Mann zum Mann? 7

Frank Scheinert und Dietulf Sander
Männernetzwerk – Männergesundheit – Männerkultur
Ein Bericht über den Weg zum LEMANN e.V. und seine Aktivitäten 9

Lothar Böhnisch
Männlichkeit im Sog gesellschaftlicher Entgrenzungsprozesse 17

Yve Stöbel-Richter, Hendrik Berth, Cornelia Albani,
Oliver Decker und Elmar Brähler
Arbeitslosigkeit, Arbeitsplatzbedrohung und psychische Gesundheit
bei Männern 27

Yve Stöbel-Richter, Elmar Brähler, Peter Förster und Hendrik Berth
Erfolgt Familiengründung bei Männern anders als bei Frauen?
Ergebnisse der Sächsischen Längsschnittstudie 45

Kurt Mühler
Männer und Hausarbeit – Wider die Natur?
Eine kritische Auseinandersetzung mit aktuellen Tendenzen
im Diskurs über Geschlechter 57

Maximilian Schochow
Der „Familienvater"
Von der Produktion einer DDR-Männlichkeit im Kontext
demographischer Wissensbestände und sozialpolitischer Praktiken 77

Frank Irmler
Doing gender trouble in school?
Ein Erfahrungsbericht: Jugendliche und ihre Einstellungen, daraus ablesbare
Tendenzen und die entsprechende Rolle der Bildungseinrichtungen 99

Zu den Autorinnen und Autoren 113

Vorwort

„Typisch männlich!?" oder Was macht den Mann zum Mann?

Am 3. November 2000 wurde auf Initiative der Stadt Wien, der Gorbatschow-Foundation, der UN Vienna und der Medical Connection der „Welttag des Mannes" ausgerufen. Dieser wurde von den Vereinten Nationen anerkannt und findet seitdem eine weltweite Beachtung.

Das im Jahr 2001 gegründete Zentrum für Frauen- und Geschlechterforschung der Universität Leipzig stellt sich dem Anspruch, Grundfragen männlicher Entwicklung wie Männer und Arbeitswelt, Männer und Technik, Männer und Gesundheitsfürsorge sowie ausgewählte Fragen der Entwicklung von männlichen Jugendlichen auf Fachtagungen zu diskutieren. Diese werden in Kooperation mit den Gleichstellungsbeauftragten des Regierungspräsidiums, der Stadt und der Universität Leipzig konzipiert und unter der Schirmherrschaft des damaligen Regierungspräsidenten und heutigen Präsidenten der Landesdirektion Sachsen, Walter Christian Steinbach, durchgeführt. Dieser betonte in seiner Rede zur Eröffnung: „Die Durchführung von gemeinsamen gelungenen Veranstaltungen aus Anlass des Welttages des Mannes sind in Leipzig mittlerweile zu einer guten und erfolgreichen Tradition geworden. Besonders freue ich mich, dass es den Initiatoren der Veranstaltung gelungen ist, die diesjährige Tagung im Rahmen der 1. Männerkulturtage stattfinden zu lassen." Frank Scheinert, der Vorsitzende von LEMANN e.V., formulierte in seiner Ansprache das Ziel der Tagung, „Männer in ihrer Vielfalt in den Blick zu nehmen und den Dialog zwischen interessierten Frauen und Männern zu differenzierten Männerbildern in der aktuellen gesellschaftlichen Debatte zu intensivieren".

Die gesellschaftlichen und sozialen Voraussetzungen von Männern und Frauen sind bekannt. Männer sterben durchschnittlich früher als Frauen, sie leben ungesünder, sind hohen gesundheitlichen Risiken in der Arbeitswelt ausgesetzt, gehen weit weniger zu Vorsorgeuntersuchungen und treiben in ihrer Freizeit die riskanteren Sportarten. All das ist Anlass genug, der Frage nachzugehen, welche Vorstellungen es von ‚dem' Mann gibt und wie Männer sein sollten – oder: Wann ist ein Mann ein Mann?

Grundlage der einzelnen Beiträge und vor allem der spannenden Diskussion ist das in die Gesellschaft eingeschriebene kollektive Verständnis von Geschlechterstereotypen. Diese stellen verbreitete und allgemeine Annahmen über die relevanten Eigenschaften einer Personengruppe dar. Wie Dorothee Alfermann (1996) gezeigt hat, gibt es weltweit mehr männliche als weibliche Eigenschaften. Somit beeinflusst das männliche Geschlecht als dominante Gruppe auch die Bewertung des Stereotyps. Männer werden Stärke, Aktivität und Dominanz zugeschrieben, während für Frauen Eigenschaften wie Abhängigkeit und Neugier bestimmend sind. Diese ständigen Auseinandersetzungsfelder bestimmen auch den Alltag der Universität Leipzig, wie der Rektor, Prof. Dr. Franz Häuser, in seinen einleitenden Worten hervorhob: „Die Universität sieht den Förderungsblick auf den Mann mit einem lachenden und einem weinenden Auge. Lachend deshalb, weil wir der Meinung sind, ‚Mann' muss mehr für seine Gesundheit tun. Weinend deshalb, weil wir nach wie vor eine ‚Männeruniversität' sind, wenn wir uns die Karriereleitern anschauen: Unter den Professoren finden wir nur wenig Frauen."

Diese Tagung führte somit eine begonnene und längst fällige Diskussion zu Stereotypen, Eigenschaften und Rollenmustern weiter und öffnete den Blick auf Fragestellungen, die unser Denken in den nächsten Jahren bestimmen werden.

Besonderer Dank sei Sandra Berndt gesagt. In zahlreichen Absprachen führte sie nicht nur die einzelnen Kooperationspartnerinnen und -partner zusammen, sondern hatte auch einen erheblichen Anteil bei der inhaltlichen Ausgestaltung der Tagung. Unser Dank gilt gleichermaßen dem Peter-Lang-Verlag, insbesondere Frau Polster, die diese Publikation anregte und begleitete.

Leipzig, im Dezember 2008   Ilse Nagelschmidt und Kristin Wojke

Alfermann, D.: Geschlechterrollen und geschlechtstypisches Verhalten. Stuttgart, Berlin, Köln 1996, S. 7-26.

Männernetzwerk – Männergesundheit – Männerkultur
Ein Bericht über den Weg zum LEMANN e.V. und seine Aktivitäten

Frank Scheinert und Dietulf Sander

1. Männernetzwerk

Der Begriff des Männernetzwerks ist meist mit negativen Konnotationen behaftet. So wird aktuell häufig in den Medien kritisiert, dass bestehende Netzwerke meist ausschließlich aus Männern bestehen, die sich gegenseitig chauffieren und Frauen im Arbeitsbereich benachteiligen.[1] Eine andere Bedeutung des Begriffs Männernetzwerk ergibt sich durch die Entstehung von Gruppierungen, deren Inhalt der Mann als Thema ist. Gegründet wurden sie besonders aus der empfundenen Notwendigkeit heraus, auf die Probleme von Männern hinzuweisen, sich auszutauschen und sich für ihre Rechte – beispielsweise in Erziehungsfragen – einzusetzen. Zeitlich ist der Beginn dieser Vereinigungen etwa Ende der 1980er, Anfang der 1990er Jahre anzusiedeln[2]. Heute agieren Männernetzwerke unter den Namen Männerbüros, Männerzentren oder Männerinitiativen in vielen bundesdeutschen Städten parallel zu Frauennetzwerken oder in Kooperation mit diesen.

In Leipzig hat die Vernetzung von Projekten und Initiativen der Jungen- und Männerarbeit seit dem Jahr 2001 stetig an Bedeutung und Dynamik gewonnen. Als Keimzelle entstand im November 2001 das durch Roberto Weber vom Jugendhaus Leipzig e.V. gemeinsam mit weiteren Männern initiierte „Offene Forum Jungen und Männer in Leipzig". Ziel der im Forum verbundenen Männer war es, männlichkeitsbezogene Themen in das Blickfeld des öffentlichen Interesses der Stadt Leipzig zu rücken. Es ging um ein Mehr an Aufmerksamkeit aller Verantwortlichen für die geschlechtsspezifischen Probleme von Jungen und Männern, den Austausch zwischen interessierten Männern sowie die Entwicklung entsprechender Kompetenzen. Neben jahreszeitlichen Treffen des Forums gab es den fachlichen und informellen Austausch über ein Yahoo-Forum. Über

---

[1] Nach einer repräsentativen Forsa-Umfrage empfinden 70% aller Managerinnen die Dominanz männlicher Netzwerke als größte Aufstiegsbarriere (vgl. sey/rtr 2007).
[2] Zur Gründung und Geschichte von Männer-Vereinen vgl. Leimbach 2007, 113ff.

Fortbildungen, Fachveranstaltungen und das bundesweite Männertreffen (vgl. www.maennertreffen.de) gab es ebenfalls erste Kontakte zu Männern in anderen Regionen und Bundesländern.

Nach ersten Wildniscamps für Jungen und Männer starteten 2002 die Leipziger Jungentage, die seither jährlich Anfang September stattfinden. Mit dem von 2002 bis 2006 jährlich stattfindenden „Jungenfachtag" der Landesvereinigung Kulturelle Kinder- und Jugendbildung Sachsen (LKJ) entstand eine interessante Kooperation zwischen Frauen der LKJ und Männern des Forums.

Ergebnis einer Zukunftswerkstatt im März 2004 war die Gründung des Netzwerkes „Jungenarbeit Leipzig" im Rahmen des Jungenfachtages im September 2004. Damit entstand ein Zusammenschluss von Männern, die ein Netzwerk für den Bereich Jungenarbeit im Blick hatten und die Vernetzung von Fachkräften, Initiativen und Projekten der Jungenarbeit bekam einen stärkeren Fokus und Antrieb. Andere Männer wandten sich verschiedenen Männergruppen in Leipzig zu und setzten dort ihre gemeinsame Verständigung fort. Eine längere Diskussion über die Inhalte, Ziele und Weiterentwicklung des Forums fand damit ihren Abschluss. Wichtige Meilensteine des Netzwerks waren die gemeinsame Gestaltung der Leipziger Jungentage (vgl. www.jungentage-leipzig.de), die Beteiligung am Jungenfachtag der LKJ und Salons zur Jungenarbeit; im März 2005 beispielsweise zum Thema „Kleine Helden in Not" mit Rainer Neutzling[3]. Das Netzwerk bot einen guten Rahmen für all jene Männer, die sich in beruflichen und persönlichen Zusammenhängen mit Aspekten des Junge-, Vater- und Mannseins beschäftigen wollten. René Schubert als Sprecher trug die Thematik Jungen- und Männerarbeit über erste Präsentationen, zum Beispiel im Beirat für Gleichstellung der Stadt Leipzig, in die Öffentlichkeit.

Im Januar 2006 gründete sich dann der LEMANN e.V. als ein Netzwerk der Jungen- und Männerarbeit in Leipzig[4]. Männerarbeit war in der Zwischenzeit stärker in das öffentliche Blickfeld geraten, weshalb wir inzwischen in Leipzig bestehende und agierende Männerarbeitsinitiativen und -projekte in das Netzwerk einbeziehen wollten. Eingeladen sind praktisch alle, die sich für Jungen, Väter und Männer engagieren. Wir wollen dabei sowohl hauptamtlich Tätige, als auch andere Interessierte und Aktive ansprechen. Grundsätzlich ist unser Wirken auch darauf angelegt, den Dialog mit interessierten Frauen zu führen. Wir merken in unserer Arbeit immer wieder, wie wichtig uns der Austausch mit

---

3   Der Kölner Soziologe Rainer Neutzling veröffentlichte gemeinsam mit Dieter Schnack beispielsweise die Bücher *Kleine Helden in Not. Jungen auf der Suche nach Männlichkeit* (2000); *Die Prinzenrolle. Über die männliche Sexualität. Vom Jungen bis zum Mann* (2006) und *"Der Alte kann mich mal gern haben!" Über männliche Sehnsüchte, Gewalt und Liebe* (1997).

4   Der Name des Vereins ergibt die aus den beiden Anfangsbuchstaben der Stadt Leipzig und dem Wort Mann; ist also nicht auf dem Namen einer zivilen Person zurückzuführen.

Sozialpädagoginnen, Müttern und anderen Frauen in puncto Jungen- und Männerarbeit ist. Auch an der landesweiten Vernetzung der Jungen- und Männerarbeit war der LEMANN e.v. beteiligt und zählt damit zu den Mitbegründern der Landesarbeitsgemeinschaft Jungen- und Männerarbeit Sachsen e.V. im April 2006.

In Leipzig existieren inzwischen mehrere Männergruppen sowie private Initiativen der Väter-Kinder-Arbeit, wobei es hauptsächlich um erziehungsrechtliche und -gestalterische Fragen geht. Des Weiteren konnten in den letzten Jahren eine Reihe von Projekten der Männerarbeit umgesetzt und etabliert werden. In den Jahren 2005/06 verfolgte das Projekt „Begegnung und Beratung für Männer" des Deutschen Familienverbandes erste Ansätze für eine niedrigschwellige Männerberatung. Hinzu kamen in diesem Projekt verschiedene Angebote für Väter und Kinder. Seit 2003 arbeitet die Triade GbR sehr erfolgreich im Rahmen ihrer Beratungsstelle zur täterorientierten Antigewaltarbeit im häuslichen Umfeld (vgl. www.triade-le.de). Zum aktiven Kern der Männerinitiativen gehören zudem der „Väteraufbruch für Kinder, Kreisgruppe Leipzig" (vgl. www. vafk-leipzig.de) und die von Thomas Schmidt begründete Dynamis-Lebensberatung (vgl. www.dynamis-lebensberatung.de).

Aktuell organisiert der LEMANN e.V. seit mehreren Semestern gemeinsam mit der Volkshochschule Leipzig den „Männerstammtisch Leipzig". Diese Veranstaltungsreihe lädt Männer zum Austausch über Männerthemen ein. Mehrmals im Jahr bieten die „Männeraktionstage" handlungsorientierte Bewegungs- und Kommunikationsangebote für Väter mit ihren Kindern. Neben den 2. Männerkulturtagen richtete der Verein am 18.10.2008 das 3. Sächsische Männertreffen aus.

2. Männergesundheit

Männer sterben durchschnittlich früher als Frauen. Sie leben vergleichsweise tendenziell ungesund, sind hohen gesundheitlichen Risiken in der Arbeitswelt ausgesetzt, betreiben die gefährlicheren Freizeitsportarten und gehen selten zu Vorsorgeuntersuchungen (vgl. u.a. Altgeld 2004; Lewis 2005). Typisch Mann eben – oder doch nicht? Männer in ihrer Vielfalt in den Blick zu nehmen und den Dialog zwischen interessierten Frauen und Männern zu differenzierten Männerbildern in der aktuellen gesellschaftlichen Debatte zu intensivieren, ist ein Ziel der Arbeit des LEMANN e.V. (vgl. www.lemann-netzwerk.de/satzung) und war auch Ausgangspunkt der 1. Leipziger Männerkulturtage vom 1. bis 4. November 2007.

Alljährlich am 3. November wird, zumeist unbeachtet von der breiten Öffentlichkeit, der Welttag des Mannes begangen, der auf Initiative der Stadt Wien, der Gorbatschow-Foundation, der UN Vienna und der Medical Connection im

Jahre 2000 ausgerufen und durch die Vereinten Nationen anerkannt wurde. Seither fanden anlässlich des Welttages des Mannes Fachtagungen zu Themen im Zusammenhang mit Männergesundheit statt. Die Veranstaltungen standen immer unter Schirmherrschaft des Regierungspräsidenten Christian Walter Steinbach. Inhaltlich waren an Organisation und Ausgestaltung die Gleichstellungsbeauftragten des Regierungspräsidiums Leipzig, der Stadt Leipzig sowie der Universität Leipzig, das Zentrum für Frauen- und Geschlechterforschung der Universität Leipzig sowie weitere WissenschaftlerInnen, MultiplikatorInnen und PraktikerInnen beteiligt. Diese Tradition wollte der LEMANN e.V. gemeinsam mit dem Zentrum für Frauen- und Geschlechterforschung der Universität Leipzig (FraGes) sowie den Gleichstellungsbeauftragten des Regierungspräsidiums Leipzig, der Stadt Leipzig und der Universität Leipzig in Form der 1. Leipziger Männerkulturtage fortführen.

Die Veranstaltung zum Welttag des Mannes 2007 trug das Motto „Typisch männlich!?" Dabei ging es um Grundfragen männlicher Entwicklung wie Männer und Arbeitswelt, Aspekte von Männergesundheit und die Frage, ob Männer besser mit Technik umgehen können. Außerdem wurde erörtert, ob spezifische Bildungsangebote für Mädchen und Jungen nicht besser wären als eine Schule für alle. Die Veranstaltung richtete sich an interessierte Frauen und Männer, Vertreter aus Politik, Medien und Verwaltung, Vertreter aus Männerinitiativen, Jugendhilfe, Schule und Erwachsenenbildung, Verantwortliche für Chancengleichheit sowie Vertreter der Geschlechterforschung, insbesondere der Männerforschung. Die Mitgestalter der Fachtagung werden in diesem Band ihre Forschungsergebnisse, Thesen und Perspektiven auf männliche Lebensweisen verdeutlichen. Die Durchführung von gemeinsam getragenen Veranstaltungen aus Anlass des Welttages des Mannes sind in Leipzig mittlerweile zu einer guten und erfolgreichen Tradition geworden.

3. Männerkultur

Der Gedanke, uns als Netzwerk von Männerinitiativen in Leipzig im Jahre 2007 in die Vorbereitung aktiv einzubringen und die Fachtagung auch kulturell zu begleiten, zielte vor allem darauf ab, dass wir als LEMANN e.V. daran interessiert sind, diesen Tag stärker ins öffentliche Bewusstsein zu bringen. Noch immer ist bei vielen und leider auch bei den Männern selbst die Überraschung groß, dass es diesen Tag überhaupt gibt.

‚Männerkultur' erfährt bei uns dabei eine weite Auslegung: Es geht zum einen um die Lebenskultur im Alltag von Männern zum anderen aber auch um die Beteiligung einzelner Männer an kulturellen und gesellschaftlichen Schaffensprozessen. Dabei hatten wir zunächst nur an ein kleines Rahmenprogramm gedacht. Die uns nach den ersten Kontakten zu Kultureinrichtungen der Stadt

Leipzig entgegenkommende Bereitschaft, uns dabei bereitwillig zu unterstützen, ließ den Elan kraftvoller strömen und in einem spontanen Akt der Zuversicht wurde das Projekt „Leipziger Männerkulturtage" geboren. Denn in Zukunft wollen wir nicht nur Männern Kultur nahebringen, über Männer interessierende und ansprechende Themen und Zusammenhänge, sondern wir würden uns wünschen, dass Männer auch selbst aktiv werden und ihre Interessen, Hobbys und Talente in der unterschiedlichsten Art und Weise vorstellen. Da unser Anliegen kurzfristig nicht in die Spielpläne von Theatern, Kabaretts und Orchestern oder in Galerien und Museen einzubringen war, konzentrierten wir uns auf die aktuellen Angebote einiger städtischer Museen und auf die Passage-Kinos.

Da die Fachveranstaltung im Jahre 2007 unter dem Motto „Typisch männlich!?" stand, ging es uns mit dem Begleitprogramm um die Vermittlung historischer und aktueller positiver Männerbilder. Reflektiert werden sollten traditionelle Männlichkeitsvorstellungen, Rollenmuster und männliche Lebensstrategien mit ihren Problemen und Wandlungen. Die reichen Bestände der Leipziger Museen boten hervorragende Möglichkeiten, dies unter den verschiedensten Blickwinkeln zu tun und damit unterschiedlichste Besuchergruppen anzusprechen. Das Stadtgeschichtliche Museum setzte zwei historische Akzente. Zunächst stellte Ulrike Dura „Leipziger Mannsbilder" vor, hinter denen sich die Fürsten- und Bürgerporträtgalerie im Festsaal des Alten Rathauses verbargen. Diese in seltener Vollständigkeit erhaltenen Bildnissammlungen geben nicht nur ein charakteristisches Zeitbild von mächtigen und erfolgreichen Männern wieder. In den besten Porträts scheint hinter der bürgerlichen Repräsentationshaltung in der eindringlich erfassten Gesichtslandschaft der individuelle Mann, sein Wesen, Denken und Fühlen auf. Als Ulrike Dura bei einigen ausgewählten Persönlichkeiten etwas über den Werdegang der Personen, ihre Verdienste um das städtische Gemeinwohl, über ihre persönlichen Talente und Interessen berichtete, da gewannen diese Männer eine Vielschichtigkeit und Lebendigkeit, die Vorbildwirkung haben kann. Dahin zielte die Frage der mdr-Reporterin Regine Schneider, was uns diese alten Bilder heute noch sagen können. Über das Persönliche hinaus, wie sie ihr Leben als Mann gelebt haben, gehört dazu beispielsweise der Aspekt, wie sie mit großer Machtfülle und hoher Verantwortung umgegangen sind, wie sie persönlichen Erfolg und gesellschaftliches Engagement miteinander verbanden. Dafür wiederum war der „Volksaufwiegler" Robert Blum ein exzellentes Beispiel. Seinen Lebensweg erzählte in der Rolle des Robert Blum Karsten Pietsch bei einer Führung durch die Ausstellung „Wilde, unbezähmbare Tatkraft. Robert Blum 1807-1848"[5].

---

5 Robert Blum (1807-1848) lebte ab 1932 in Leipzig und war Theatersekretär, Politiker und Schriftsteller. Als Politiker setzte er sich für die 48er Bewegung ein und befürwortete die Gleichstellung der Frau; er stand im Briefwechsel mit Louise Otto, die er 1847 auch persönlich kennenlernte (vgl. Zerback 2007).

Leider fiel wegen Besuchermangels die Führung „Männerrechte – Männerpflichten" über die Rolle des Mannes in asiatischen Gesellschaften im GRASSI-Museum für Völkerkunde aus. Gerade der Blick auf andere Kulturkreise, mit deren Vertretern wir zum Teil täglich in unmittelbarer Nähe zusammenleben, war uns von Beginn an wichtig. Dort bestimmen gänzlich andere Konzepte, Strategien und Rollenvorstellungen männlichen Lebens und natürlich die Beziehungen von Männern und Frauen. Wo liegen da Ansätze, die für uns mitteleuropäische Männer ebenfalls anregend sein könnten, wo liegen teilweise gravierende Unterschiede, die sich über Jahrhunderte im Zusammenleben von Mann und Frau entwickelt haben und nun im Umbruch begriffen sind? Dieser Frage nach dem Ideal oder der Wirklichkeit ging in einer sich erfreulicherweise zum intensiven Gespräch entwickelnden Führung Hans-Peter Müller vom Antikenmuseum der Leipziger Universität nach, als er Bilder von Männern und Männlichkeit auf griechischen Vasen vorstellte. Hier hat unser eigenes männliches Bild vom Mann viele Wurzeln: Willenskraft, körperliche Aktivität, persönlicher Mut, Dominanzverhalten, Wirken in der Öffentlichkeit, Einsatzbereitschaft, Verantwortungsbewusstsein etc. Allein das Thema Kampf und Krieg führte aus der Antike fort bis in unsere Gegenwart. Wichtig war auch das Thema Sexualität oder sich des antiken Ideals von der Einheit eines gesunden Körpers und eines gesunden Geistes wieder zu erinnern.

Eine Führung durch die Ausstellung „Spontanes Kalkül" stellte im Museum der bildenden Künste das Lebenswerk des in Leipzig geborenen und zu einem der international bekanntesten Vertreter der abstrakten Malerei gewordenen Malers Hans Hartung (1904-1989) vor und verwies damit auf den herausragenden Beitrag von Männern zu Kunst und Kultur. Daran knüpfte Dietulf Sander an, indem er anhand von Gemälden aus der Sammlung des Bildermuseums Männerbildnisse und thematisch unterschiedlichste Gemälde des 15. bis 20. Jahrhunderts vorstellte, die etwas über männliches Denken, Fühlen und Leben aussagen. Und so kam eine „Vielfalt von Männlichkeit" zur Vorstellung: der verliebte, der dominante, der mitfühlende, der leidende, der arbeitende, der gewalttätige, der lehrende Mann und viele seiner anderen Seiten.

Bei den Veranstaltungen überraschte uns immer wieder, dass häufig von Frauen die Frage gestellt wurde, ob auch sie an diesen Führungen teilnehmen dürften. Wir orientierten unser Männerkulturtagsangebot natürlich besonders auf Männer, um ihnen Anregungen zur eigenen Beschäftigung mit sich und ihrem Leben als Mann zu geben. Das Gespräch zwischen Männern über das Mannsein ist wichtig und durch nichts zu ersetzen. Aber selbstverständlich sollen unsere Gesprächsangebote auch an Frauen gerichtet sein und bleiben, um in den aktuellen Geschlechterdialog die berechtigte und so notwendig zu äußernde männliche Sicht einzubringen und deutlich zu machen. Es geht letztendlich doch um eine Gemeinsamkeit, in der Frauen wie Männer ihre geschlechtsspezifischen Lebenskonzepte einbringen können müssen.

Literatur

Altgeld, T.: Männergesundheit. Neue Herausforderungen für Gesundheitsförderung und Prävention. Weinheim, München 2004.
Leimbach, B.T.: Männlichkeit leben. Hamburg 2007.
Lewis, C.: Handbuch Männergesundheit. Köln 2005.
Neutzling, R./Schnack, D.: „Der Alte kann mich mal gern haben!". Über männliche Sehnsüchte, Gewalt und Liebe. Reinbek bei Hamburg 1997.
Neutzling, R./Schnack, D.: Die Prinzenrolle. Über die männliche Sexualität. Vom Jungen bis zum Mann. Reinbek bei Hamburg 2006.
Neutzling, R./Schnack, D.: Kleine Helden in Not. Jungen auf der Suche nach Männlichkeit. Reinbek bei Hamburg 2000.
sey/rtr: Frauen fürchten Männer-Netzwerke. In: FOCUS Online vom 9.5.2007 (http://www.focus.de/karriere/management/network/top-positionen_aid_55793.html).
Zerback, R.: Robert Blum. Eine Biographie. Leipzig 2007.

sowie:

www.dynamis-lebensberatung.de
www.jungentage-leipzig.de
www.lemann-netzwerk.de/satzung
www.maennertreffen.de
www.triade-le.de
www.vafk-leipzig.de

Männlichkeit im Sog gesellschaftlicher Entgrenzungsprozesse

Lothar Böhnisch

In den 1980er und 1990er Jahren war es nahezu ausgemacht, dass die sozialstaatliche Modernisierung und Demokratisierung, wie sie in den 1960er Jahren begonnen hatte, in den westeuropäischen Staaten zur Gleichstellung der Geschlechter und zur Demokratisierung des Geschlechterverhältnisses führen müsse. Vor allem in den nordeuropäischen und westeuropäischen Sozialstaaten war es gelungen, die geschlechtshierarchische Arbeitsteilung des fordistischen Wirtschaftssystems mit seiner Trennung von Produktions- und Reproduktionssphäre sozialstaatlich so zu überformen und zu kontextualisieren, dass das Problem der Vereinbarkeit von Familie und Beruf, das sich vor allem als Benachteiligung der Frauen ausdrückte, entschärft werden konnte. Die Familie wurde durch öffentliche Einrichtungen der Kinderbetreuung und der Absicherung von Erziehungszeiten entlastet, Wiedereinstiegsprogramme für Frauen wurden aufgelegt, das Drei-Phasen-Modell wurde von vielen Frauen gelebt: Gute Ausbildung und Einstieg in den Beruf, Familienzeit mit Kindern, Wiedereinstieg in den Beruf. Dieses Vereinbarkeitsmodell funktionierte vor allem auch deswegen, weil die kapitalistische Modernisierung im zweiten Drittel des 20. Jahrhunderts weiter auf Ausschöpfung qualifizierten Humankapitals und damit vor allem der ‚weiblichen Bildungsreserven' angewiesen war. Gleichzeitig hatte die Frauenbewegung das politische Klima geschaffen, in dem die sozialstaatlichen Modernisierungsstrategien und die frauenpolitischen Emanzipationsinteressen zusammenfließen konnten.

Die sozialstaatliche Transformation der Frauenfrage hat die Männerwelt in den 1970er Jahren bis in die 1980er Jahre hinein relativ unberührt gelassen. Solange die männliche Hegemonialkultur, die weiter darauf beruhte, dass der Reproduktionsbereich trotz steigender Erwerbstätigkeit der Frauen der weiblichen Seite zugeordnet und der Produktionsbereich weiter durch das Vorherrschen des männlich dominierten Normalarbeitsverhältnisses gekennzeichnet war, relativ stabil blieb, sah sich der Großteil der Männer zwar gezwungen, sich mit den Frauen zu arrangieren, konnte sich aber immer noch auf die Sicherheit einer „männlichen Dividende" (Connell 1999) verlassen. Diese männliche Dividende hielt sich deshalb, weil trotz aller sozialstaatlichen Transformation der

Frauenfrage das geschlechtshierarchische Grundmodell der Arbeitsteilung und die Grenzziehung zwischen Produktions- und Reproduktionsbereich weiter bestehen blieb. Verunsichert wurden vor allem und lediglich Gruppen von Männern in der Mittelschicht, die in ihren (meist sozialen und kulturellen) Berufen und ihren Partnerschaften mit den ‚neuen Frauen' aus dem Umkreis der Frauenbewegung konfrontiert waren. In den kulturellen und sozialen Gesellschaftsbereichen lag (und liegt) auch das Einfallstor der feministischen Strömungen. In ihnen und aus ihnen heraus entwickelte sich der antisexistische Druck auf die Männer, wurden Männer gezwungen, sich aus der Selbstverständlichkeit des hierarchischen Geschlechterverhältnisses mental zu lösen, um zu einer eigenen, ‚gereinigten' Definition von Männlichkeit zu finden. Männerforschungsprojekte und Männerzirkel entstanden, entsprechende „Männerverständigungsliteratur" (vgl. Döge 1999, 38f.) erlebte seit Mitte der 1980er bis in die 1990er Jahre hinein einen bezeichnenden Boom. Die Wirkung dieses inneren Männeraufruhrs war auf Bereiche der kulturell und sozial tätigen Mittelschicht beschränkt. Ihre mediale Veröffentlichung trug aber dazu bei, dass sich ein sozialstaatlicher Trend zur Geschlechterdemokratie entwickeln konnte, die nun nicht mehr von den Frauen beansprucht und getragen, sondern auch von Männern akzeptiert war. Die männliche Hegemonialkultur hatte sich weiter entstrukturiert, die Selbstverständlichkeiten männlicher Dominanz waren in vielen Gesellschaftsbereichen abgebaut und deutliche Schneisen der Frauenemanzipation, die die Männer nicht mehr umgehen konnten, geschlagen. In der sozialstaatlichen Regulationsperspektive zeichnete sich eine tendenzielle Balance der Geschlechter ab.

Diese Entwicklungslinie ist inzwischen durch den Aufstieg und die ökonomisch-technologische Dominanz des digitalen Kapitalismus nachhaltig durchbrochen. Zwei Welten bestehen seitdem nebeneinander her: Die sozialstaatlich regulierte Welt des Sozial- und Geschlechterkompromisses und die ökonomisch-technologische Welt der Rationalisierung und Globalisierung, deren Logiken immer mehr zu Vergesellschaftungsprinzipien werden und die sozialstaatliche Vergesellschaftung zurückdrängen und überformen. Indem der neue, digitale – das heißt sozial entbettete Kapitalismus – seine eigenen Sozialformen sucht, um sich sozial reproduzieren zu können, werden die sozialstaatlichen Regulationsbemühungen immer wieder ökonomisch-technologisch konterkariert, abgeschwächt oder außer Kraft gesetzt (vgl. Altvater/Mahnkopf 1996). Während der Sozialstaat weiter auf die Demokratisierung des Geschlechterverhältnisses hinarbeitet (,Gender-Mainstreaming'), gehen von der ökonomisch-technologischen Welt Entgrenzungen des Sozialen und des Geschlechterverhältnisses aus, die diese Regulationen unterlaufen.

Der digitale Kapitalismus mit seinen Hauptmerkmalen der ökonomisch-technologischen Rationalisierung und der damit verbundenen Substitution des Humankapitals und der Globalisierung ist durch Prozesse der sozialen *Entbet-*

tung und Abstraktion gekennzeichnet. Soziale Komponenten und Bedingungen der Gesellschaftsentwicklung werden informalisiert und privatisiert, gesellschaftlich nicht thematisiert, der privaten Sphäre überantwortet (vgl. Altvater/ Mahnkopf 2002). So wie sich die Ökonomie ihrer Abhängigkeit von der nationalen Gesellschaft und ihrem Humankapital durch Internationalisierung entledigt, den Menschen ihren Rhythmus aufzwingt und eine Vergesellschaftungsmentalität der Externalisierung und des Sachzwangs durchsetzt, kümmert sie sich nicht mehr um den sozialen Ausgleich und das Verhältnis der Geschlechter zueinander.

Diese Entwicklung ist allerdings ambivalent. In dem Maß, in dem Geschlechterhierarchie und Geschlechterkonflikt nicht mehr Thema der ökonomisch-gesellschaftlichen Entwicklung sind, so wie dies noch bei der sozialstaatlichen Regulation der Fall ist, die Ökonomie also von den Geschlechterverhältnissen abstrahiert, wird der Weg für die Frauen in die Produktionssphäre endgültig frei (vgl. Astrachan 1992). Damit ist die soziale Trennung von Produktion und Reproduktion, welche für die fordistisch-sozialstaatliche Gesellschaft prägend war und ist, im Sozialen tendenziell aufgehoben. Die Familie wird entgrenzt. Gleichzeitig aber hat es die Rationalisierung und Flexibilisierung der Reproduktion im digitalen Kapitalismus mit sich gebracht, dass das Normalarbeitsverhältnis keine Selbstverständlichkeit mehr ist. Dieses Normalarbeitsverhältnis – lebenslang gültiger Beruf, tarifliche und soziale Absicherung, Vollzeitarbeit – macht aber den ökonomisch-gesellschaftlichen Kern der Definition von Männlichkeit im sozialstaatlich regulierten Kapitalismus aus (vgl. Döge 1999, 24f.; Hoffmann/Walwei 2002). Der digitale Kapitalismus untergräbt also das gesellschaftliche Männlichkeitsbild, treibt aber auf der einen Seite ‚männliche Prinzipien' der *Externalisierung* weiter voran. Männlichkeit wird also gleichzeitig zurückgewiesen und neu aufgefordert. Auf der anderen Seite werden zwar die Frauen aus der Gebundenheit der Reproduktionssphäre freigesetzt, geraten aber dann in die Externalisierungsfalle der digitalen Ökonomie, wenn sie das klassische Drei-Phasen-Modell und damit den familialen Kinderwunsch realisieren möchten (‚revolving door', vgl. dazu Wimbauer 2000). Die Übereinkunft zwischen den Geschlechtern darüber, wie der Aufbau der Familie und die Erziehung der Kinder realisiert werden soll, bleibt ihnen privat überlassen. Gleichzeitig aber liegt diese Aushandlung nicht in ihrer freien Verfügung: Die Intensivierung der Arbeit und die ‚von Natur aus' höhere industrielle Verfügbarkeit des Mannes wirken meist in die Richtung, dass sich in den Familien die herkömmliche Rollenaufteilung der Geschlechter als resistent erweist bzw. immer wieder neu ausgehandelt wird und zwar restitutiver als dies die Entwicklung der Geschlechtergleichstellung in der Sphäre der sozialstaatlichen Regulation vermuten ließe (vgl. Reich 2002). Viele Männer möchten gerne die sozialstaatlich gedeckten Ansprüche auf Teilhabe in Familie und an der Erziehung realisieren, werden aber durch intensivierte ökonomische Einbindung und Vernutzung daran gehindert.

Der ‚abstract worker', die neue Arbeitsfigur des digitalen Kapitalismus, wird als ‚körperlose' und darin flexible Figur ohne Geschlecht gekennzeichnet (Baumann 2000; Klein 2002), besser gesagt eine Figur, die ihre sozialen Bindungen und ihre Geschlechtszugehörigkeit in der Privatheit zurücklassen muss. Geschlechterhierarchien und Geschlechterkonflikte sind aus der Sicht der neuen Ökonomie keine vergesellschaftungs- und fortschrittsfähigen Kontexte. Sie werden den sozialen Regulationsbemühungen des Sozialstaates überlassen, der seinerseits von der ökonomischen Sichtweise nicht unberührt bleibt: In den Strategien des ‚Gender-Mainstreaming' bildet sich inzwischen jene ökonomische Steuerungsperspektive ab, mit der Geschlechterkonflikt und Geschlechterhierarchie ‚versachlicht', damit entöffentlicht und schließlich auch wieder privatisiert werden.

Die Freisetzung und Entgrenzung der Männlichkeit im digitalen Kapitalismus trifft die Männer nicht nur anders als die Frauen, sie werden davon auch gleichsam ‚plötzlich' heimgesucht. Während die Frauen im Zuge der sozialstaatlichen Transformation der Frauenfrage und insbesondere der Vereinbarkeitsproblematik in der Mehrzahl längst gelernt haben, zwischen Produktions- und Reproduktionssphäre zu changieren, sind die meisten Männer so gut wie nicht darauf vorbereitet. Die familiale Rolle war ihnen aus verschiedensten Gründen bisher verwehrt, ihnen fehlen die entsprechende Erfahrung und die öffentliche Anerkennung einer solchen, zweiten Rollenexistenz. Zwar wird die Familie im Zuge der Auflösung der Grenzziehung zwischen Produktion und Reproduktion auch für die Männer offen, aber vielen ist der Zugang sowohl von innen, von dem häuslichen Machtanspruch der Frau, als auch von außen, von der Intensivierung des Arbeitseinsatzes her, verwehrt (Appelt/Sauer 2001, 132).

Die Entgrenzung des Normalarbeitsverhältnisses löst nicht nur den zentralen Anker der gesellschaftlichen Männlichkeitsdefinition bei den Männern, die arbeitslos sind, sondern auch bei den vielen, die inzwischen in prekären und unterbezahlten Beschäftigungsverhältnissen ihr Auskommen finden. In der feministischen Diskussion wird in diesem Zusammenhang von der „Feminisierung" der Erwerbsarbeit gesprochen (Sauer 2001). Damit ist nicht nur gemeint, dass der Anteil der Frauen an der Erwerbsarbeit im letzten Vierteljahrhundert in den westeuropäischen Industriestaaten überproportional zugenommen hat, sondern dass sich die Erwerbsarbeit zunehmend prekär gestaltet, die Arbeitsverhältnisse sich informalisieren und die diskontinuierlichen und ungeschützten Arbeitsverhältnisse zunehmen. Das bedeutet für die Männer, dass viele von ihnen in Arbeitsverhältnisse geraten, die für die rollenbezogene Begründung und Symbolisierung der männlichen Erwerbs- und Dominanzrolle nicht mehr hinreichend ist. Solche Männer unterliegen am ehesten der Gefahr, auf der Suche nach Ergänzungen und Kompensaten einer fragilen Männerrolle auf naturalistische

Konzepte von Maskulinität und auf die „männliche Dividende" zurückzugreifen, um – im Sinne des Bewältigungskonzepts – ihre alltägliche Handlungsfähigkeit zu erhalten (vgl. Dietz et al. 1997; Kreher 2005).

Hinter der tendenziellen Auflösung des fordistisch-sozialstaatlichen Normalarbeitsverhältnisses steht also die Entwicklung zur Segmentierung der Arbeitsgesellschaft und mithin der Geschlechtergesellschaft. Männer in prekären Arbeitsverhältnissen – vor allem in den sozialen Randzonen der Gesellschaft – entwickeln andere Männlichkeitsbilder als solche in den mittleren gesellschaftlichen Zonen, wo Männer trotz fragiler Arbeitsverhältnisse mit zusätzlichem sozialem und kulturellem Kapital ausgestattet und nicht auf Frauenabwertung angewiesen sind. Der in die neuen Ökonomien integrierte Mann in der Sozialform des ‚abstract worker' hingegen kann seine narzisstische Maskulinität, die er braucht, um für sich selbst immer wieder sichtbar und greifbar zu werden, in die Ästhetik der Erfolgskultur einbetten (vgl. dazu auch die entsprechenden Typologien männlicher Einstellungs- und Verhaltensmuster, wie sie in verschiedenen Surveys erhoben werden. Zusammengefasst bei Brandes 2002).

Die Segmentierung der Männergesellschaft ist aber nur eine Dimension jener gesellschaftlichen Spaltungstendenzen, die der digitale Kapitalismus in seiner Rationalisierungs- und Globalisierungsdynamik provoziert. Diese enormen Spaltungen resultieren auf der einen Seite aus der Zweiteilung der Wirtschaftsgesellschaft – nationale, sozialstaatlich regulierte Märkte und internationale, nationalstaatlich unabhängige Wirtschaftskreisläufe – auf der anderen aus der Eigenart der Freisetzungsprozesse. Die Armuts- und Reichtumsberichte der Bundesregierung (2000) zeigten, wie sich im Gefolge der Globalisierung die Schere zwischen Armut und Reichtum vergrößert hat, der internationale Blick macht die Kluft noch deutlicher und die Politik der Lohnspreizung in den Betrieben bringt sie in den Alltag hinein. Die Logik der Freisetzung und Entgrenzung bringt es nun mit sich, dass solche ungleichen Strukturen sich nun ungehemmt entfalten und stabilisieren können. Das bedeutet auch, dass die dahinter stehende Geschlechterhierarchie sich nicht mehr zu verstecken braucht, sondern offen auftreten kann. Die Männerbünde in den Führungsetagen der alten und neuen Industrien (vgl. Döge 1999, 34f.) – dem Zeitgeist entsprechend durch einen neuen durchsetzungsfähigen Frauentyp aufgefüllt – können nicht nur ungenierter öffentlich agieren, weil sie nun in der Regel internationalisiert und so den nationalstaatlichen Geschlechterdiskursen entzogen sind, sondern vor allem auch, weil der digitale Kapitalismus in seiner Tendenz zur Abstraktion, sozialen Entbettung und Externalisierung auch die Männerbünde sozial entbettet und neutralisiert, entpolitisiert und in die Perspektive der Sachlogik und des Sachzwangs gehoben hat. Während die mittleren und unteren Geschlechterhierarchien ‚abgeflacht' werden, Männer und Frauen gehalten sind, sich in ihren Arbeitsbeziehungen flexibel aufeinander einzustellen und den Geschlechterkonflikt möglichst privat zu verhandeln, bleiben die obersten Hierarchieebenen, die traditionell männlich besetzt sind, erhalten und werden in ihrer neuen Patrimonialität nun ökonomisch-technologisch neu legitimiert. Die hierarchische Dimension verschwindet in einer technologisch-versachlichten *Hegemonialsprache* und einer ästhetisierten *Erfolgskultur*, die in den Alltag der Durchschnittsbevölkerung hinein wirken, sich dort in Leitbilder und Symbole des Erstrebenswerten umsetzen. Obwohl sie das Geschlechtshierarchische verbergen und nicht thematisieren, werden Männer und Frauen in ihren Befindlichkeiten entsprechend sensibilisiert. Männer fühlen sich wieder in ihrem Vertrauen auf die maskuline Dividende bestätigt, Frauen von der Kombination von Erfolgskultur und geschlechtsoffener Erreichbarkeit so angezogen, dass ihnen der männliche „Beigeschmack" vernachlässigbar oder verkraftbar erscheint. In diese, hinsichtlich Männlichkeit und Geschlechterverhältnis *mehrdeutige*, ambivalente Gesellschaft wachsen heute die Jungen hinein.

Männliche Sozialisation: ‚Bewältigungsfallen' im Aufwachsen von Jungen und jungen Männern

Das Aufwachsen von Jungen in unserer Gesellschaft ist durch die Suche nach männlicher Geschlechteridentität im Bindungs-/Ablösungsverhältnis zur Mutter und in dem – mit ihm konkurrierenden und zugleich suchenden – Verlangen nach dem ‚männlichen' Vater (oder einer vergleichbaren männlichen Bezugsperson) bestimmt. Dies unterscheidet sie in der frühen kindlichen Phase von den Mädchen, die sich auf der Suche nach Geschlechtsidentität nicht von der Mutter lösen müssen und bei denen der Geschlechtskonflikt erst in der Pubertät in der Dramatik der Ablösung von der Mutter Gestalt gewinnt. Für den Jungen aber beginnt der Ablösungsprozess von der Mutter schon im frühkindlichen Alter von 3 bis 5 Jahren zu einer Zeit, in der sich das autobiographische Gedächtnis entwickelt hat und der Junge erkennen kann, dass er körperlich nicht der Mutter, sondern dem Vater oder anderen männlichen Bezugspersonen gleicht. Für den Jungen ist es aber meist schwer über den Vater – oder eine ähnlich nahe männliche Bezugsperson – die *Alltagsidentifikation* zu bekommen, die er braucht, um in ein ganzheitliches – Stärken und Schwächen gleichermaßen verkörperndes – Mannsein hineinwachsen zu können. Die Väter sind ja nicht nur räumlich (z.B. über die für viele inzwischen intensivierte Berufsrolle), sondern oft auch ‚mental' abwesend, wenn sie zu Hause sind, sich aber wenig um die häusliche Beziehungsarbeit kümmern. Diese obliegt meist der Mutter, die sich dem Jungen in ihren Stärken *und* Schwächen zeigt. Die Schwächen des Vaters und seine alltäglichen Nöte des Mannseins, des Ausgesetztseins und der Verletzungen im Beruf werden dagegen für den Jungen kaum sichtbar. So erhält er ein einseitiges Vaterbild, das durch die ‚starken' Männerbilder, die er mit zunehmendem Alter über die Medien wahrnimmt, noch verfestigt wird. Dies führt bei ihm zwangsläufig zur *Idolisierung* des Mannseins und zur Abwertung des Gefühlsmäßigen, Schwachen, ‚Weiblichen', da er die eigenen weiblichen Gefühlsanteile, die er ja seit der frühkindlichen Verschmelzung mit der Mutter in sich trägt, immer weniger ausleben kann. Neuere Väterstudien zeigen zwar, dass sich eine höhere Beziehungs- und damit alltägliche Vorbildqualität entwickelt, wenn Väter zeitlich und emotional intensiver in der familialen Sphäre der Söhne auftauchen (vgl. Fthenakis 1999). Freilich hat sich dabei noch nicht viel Grundlegendes an der Struktur väterlicher Familienarbeit geändert. Dazu bräuchte es auch gesellschaftliche Vorgaben der Anerkennung und Förderung männlicher Hausarbeit. Gerade die Feminisierung der Erwerbsarbeit lässt in diesem Zusammenhang ambivalente Folgen erwarten. Indem das Normalarbeitsverhältnis erodiert, prekäre Arbeitsverhältnisse auch die Männer stärker erreichen, werden sich viele erst an die traditionelle Erwerbsarbeit klammern, wenn die alternativen Bereiche der Hausarbeit keine anerkannte Männerrolle versprechen. Deshalb ist es schon in der Kindheit für den Jungen wichtig, eine Mutter zu erleben, die sowohl dem Vater als auch dem Jungen gegenüber anerkannte Selbstständigkeit über die Familie hinaus verkörpert und damit signalisiert, dass sie dem Jungen auch soziale Rollenbilder anbieten kann. Ist die Mutter dagegen eher abhängig und von daher mit schwachem Selbstwertgefühl ausgestattet, kann sich bei ihr die unbewusste Tendenz verstärken, den Sohn als männlich stark erleben zu wollen. Die Mutter bleibt also weiterhin eine zentrale Figur im Prozess der Entwicklung von Männlichkeit. Gleichzeitig hängt es aber vor allem auch vom Vater bzw. der vom Jungen gesuchten männlichen Bezugsperson ab, inwieweit er sich so gegenüber dem Jungen öffnen kann, dass dieser erfährt und spürt, dass zum Mannwerden nicht nur Inszenierung von Stärke, sondern auch Erleben und Durchleben von Schwächen gehören.

Wie sich im Kindesalter das Mannwerden je unterschiedlich biographisch entwickelt hängt aber nicht nur von der jeweiligen Mutter-Vater-Konstellation ab, sondern auch von den ersten gesellschaftlichen Erfahrungen, die Jungen in ihrer Umwelt machen. Diese Erweiterung ist wichtig, da es ja keineswegs an den Eltern allein liegt, in welches Geschlechterrollenverhalten Kinder hineinwachsen, und manche Eltern sich wundern, warum ihre Kinder, trotz elterlicher Versuche einer geschlechtsemanzipativen Erziehung, traditionelle Geschlechterrollenstereotypen übernehmen. Hier spielen die früh von den Kindern konsumierten Medien und deren Geschlechterbilder schon eine wichtige Rolle. Schließlich fällt ins Gewicht, dass die Jungen im Kindergarten und in der Grundschule kaum auf männliche Erzieher/Kindergärtner oder Lehrer treffen und somit auch wieder Vorbilder des Mannseins fehlen. Dies ist die Kehrseite des – hier nur bedingten – Vorteils, dass sie dort weibliche Zuwendung erfahren.

Bewältigungsfallen sind also für den Jungen früh aufgestellt. Zuspitzen kann sich dies in der Zeit der Vorpubertät, also im Alter zwischen 9 und 12 Jahren, in der die Geschlechter in unserer Kultur in unterschiedliche Reifungsprozesse eintreten. Jungen kommen erst ein gutes Jahr später in die Pubertät als Mädchen. So machen viele von ihnen die Erfahrung, dass Gleichaltrige, nun schon ‚fraulich' erscheinende und sich entsprechend mental und körperlich gebende Mädchen sich von den ‚grünen' gleichaltrigen Jungen abwenden und für ältere Jungen schwärmen. Dies kann bei den Jungen zu erheblichen Selbstwert- und Anerkennungsstörungen, zu Hilflosigkeit führen, die sie dann oft sexistisch und pornographisch abspalten. Die erlittene Demütigung durch die Mädchen wird durch sexistische Inszenierungen kompensiert. Die Jungentoiletten in den Schulen füllen sich mit sexistischen Sprüchen und pornographischen Graffitis. Inzwischen läuft dies über Handys. So kann – je nach bisherigen Bewältigungserfahrungen des Jungeseins – die Spannung von Idolisierung des Männlichen und Abwertung des Weiblichen wieder neu aufbrechen. Hier kommt es vor allem darauf an, dass die Jungen vor allem im schulischen Raum, aber natürlich auch in der Kinder- und Jugendarbeit, Beziehungen, Räume und Projekte angeboten bekommen, in denen sie Anerkennung, Selbstwert und Wirksamkeit erlangen und dabei spüren können, dass ihr Selbstwert nicht nur am (zu dieser Zeit) seidenen Faden der maskulinen Bestätigung hängt.

Im jugendlichen Pubertätsalter zwischen 13 und 16 Jahren, in dem die Gleichaltrigenkultur eine zentrale Rolle für die Identitätsformation und die soziale Orientierung spielt, fallen immer noch die männlich dominierten Cliquen auf, wenngleich auch Mädchen inzwischen schon ihre eigenen jugendkulturellen Gesellungsformen suchen. Man könnte formulieren, dass die Jungen in diesem Kontext der Gesellungsform der männlichen Clique zum ersten Mal richtig ‚unter Männern' sind und sich nur an (gleichaltrigen) ‚Männern' orientieren können. Allerdings kommen – je nach bisherigen biographischen Bewältigungserfahrungen und entsprechenden sozialen Chancen – Jungen zusammen, die sich selbst noch nicht ihres Mannwerdens sicher sind. Das in der männlichen Sozialisation immer noch schwelende Homosexualitätstabu und der Ethnozentrismus der Gruppe können dann den Kreisel von Idolisierung des Männlichen und Abwertung des Weiblichen neu aktivieren. Deshalb kommt gerade der Jungenarbeit in der Jugendarbeit hier die Aufgabe zu, männliche Vorbildfunktionen anzubieten, Projekte zu entwickeln, in denen Jungen vermeintliche Schwächen als Stärken erfahren und in erweitertem Geschlechterrollenhandeln experimentieren können (vgl. Böhnisch 2004). Im Jugendalter als ‚zweiter Chance' der männlichen Sozialisation wird auch für Jungen die Stärke von Gefühlen wieder spürbar, kommt es darauf an, dies für die Entwicklung eines „balancierten Jungeseins" (Neubauer/Winter 2002) pädagogisch zu nutzen.

Schließlich kann das Alter zwischen 18 und 25 Jahren, die Zeit des Junge-Erwachsene-Seins, für viele junge Männer auch wieder zur Bewältigungsfalle werden, zum Neuaufbrechen der Spannung von Idolisierung des Männlichen und Abwertung des Weiblichen führen, indem die Übergänge in Arbeit und Beruf für viele riskant und unübersichtlich, fragil geworden sind. Sie sind auf sich selbst zurückgeworfen und stehen unter dem Druck, sich inszenieren zu müssen, um Selbstwert und Anerkennung/Aufmerksamkeit zu erlangen. Maskulinität wird dann nicht selten von jungen Männern – nicht nur aus sozial benachteiligten Milieus – als Bewältigungsressource aktiviert. Dies erweitert aber nicht, sondern verengt eher die biographische Übergangsperspektive. Gleichzeitig gibt es für diese Altersgruppe kaum regionale Anerkennungskulturen. Auch hier wäre es Aufgabe der Jugend- und Sozialarbeit, Orte und Projekte zu entwickeln, in denen diese Altersgruppe junger Männer sichtbar werden und Anerkennung und Beteiligung erfahren kann.

Literatur

Altvater, E./Mahnkopf, B.: Grenzen der Globalisierung. Münster 1996.

Altvater, E./Mahnkopf, B.: Die Globalisierung der Unsicherheit. Münster 2002.

Appelt, E./Sauer, B.: Globalisierung aus feministischer Perspektive. In: Österreichische Zeitschrift für Politikwissenschaft 2(2001), S. 127-135.

Böhnisch, L.: Viele Männer sind im Mann. Maria Enzersdorf 2006.

Brandes, H.: Der männliche Habitus. Bd. 2. Opladen 2002.

Dietz, G.-U. et al.: „Lehre tut viel ..." Berufsbildung, Lebensplanung und Delinquenz bei Arbeiterjugendlichen. Münster 1997.

Döge, P.: Männerforschung als Beitrag zur Geschlechterdemokratie. Ansätze kritischer Männerforschung im Überblick. Bundesministerium für Familie, Senioren, Frauen und Jugend. Berlin 1999.

Fthenakis, W.: Engagierte Vaterschaft. Opladen 1999.

Hoffmann, E./Walwei, U.: Wandel der Erwerbsformen: Was steckt hinter den Veränderungen? In: Kleinhenz, G. (Hg.): IAB-Kompendium Arbeitsmarkt und Berufsforschung. Beiträge zur Arbeitsmarkt- und Berufsforschung 250. Nürnberg 2002, S. 135-144.

Kreher, T.: Heutzutage muss man kämpfen. Eine biografieanalytische Untersuchung ehrenamtlichen Engagements. Opladen 1993.

Sauer, B.: „Es rettet uns (k)ein höh'res Wesen ..." Neoliberale Geschlechterkonstrukte in der Ära der Globalisierung. In: Stolz-Willig, B./Veil, M.

(Hg.): Feministische Perspektiven der Arbeitsgesellschaft. Hamburg 1999, S. 215-239.

Wimbauer, C.: Organisation. Geschlecht. Karriere. Opladen 2000.

Arbeitslosigkeit, Arbeitsplatzbedrohung und psychische Gesundheit bei Männern

Yve Stöbel-Richter, Hendrik Berth, Cornelia Albani, Oliver Decker und Elmar Brähler

1. Einleitung

Erwerbstätigkeit hat nicht nur eine wesentliche Funktion für den Status des Einzelnen in der Gesellschaft, sondern beeinflusst darüber hinaus prägend das Selbstbild und Selbstwertgefühl des Individuums. Das Gefühl, in einer Gesellschaft gebraucht zu werden, vermittelt sich nachhaltig durch die ausgeführte Tätigkeit. Arbeit wird als positiv strukturierendes Element im Tagesablauf empfunden und bietet eine wichtige Möglichkeit, soziale Kontakte herzustellen und aufrecht zu erhalten. Durch den Verlust des Arbeitsplatzes entfallen diese und viele weitere Aspekte, die im Kontext von bezahlter Erwerbstätigkeit eine Rolle spielen (z.B. die aktuelle und zukünftige soziale Absicherung).

Als arbeitslos gelten Arbeitssuchende bis zur Vollendung des 65. Lebensjahres, die nicht oder weniger als 15 Stunden wöchentlich in einem Beschäftigungsverhältnis stehen, die nicht Schüler, Studenten oder Teilnehmer an Maßnahmen der beruflichen Weiterbildung, nicht arbeitsunfähig erkrankt, nicht Empfänger von Altersrente sind und für eine Arbeitsaufnahme als Arbeitnehmer sofort zur Verfügung stehen. Arbeitslose müssen sich persönlich bei ihrer zuständigen Arbeitsagentur gemeldet haben (Bundesagentur für Arbeit 2008).

Die Bundesanstalt für Arbeit berichtete in den letzten Monaten stets eine deutliche Abnahme der Arbeitslosenzahlen in Deutschland. Aktuell (Oktober 2008) sind immer noch 2.996.912 Menschen arbeitslos (Quote: 7,2 %). Dabei ist die Arbeitslosenquote in Westdeutschland (6,0 %, 1.989.864 Personen) jedoch deutlich niedriger als in den neuen Bundesländern (11,8 %, 1.007.048 Personen; Bundesagentur für Arbeit 2008). Die eindeutig negativen sozialen, psychischen und anderen Folgen von Arbeitslosigkeit sind gut untersucht. In nahezu allen Studien lässt sich nachweisen, dass Zeiten von Arbeitslosigkeit die körperliche und vor allem die seelische Gesundheit nachhaltig negativ beeinflussen. Die psychischen Folgen nehmen mit der Dauer der Arbeitslosigkeit zu, d.h. Langzeitarbeitslose sind meist stärker belastet. Männer, jüngere Personen oder Personen mit niedrigerem sozialem und beruflichem Status leiden meist mehr unter den Folgen von Arbeitslosigkeit (Hollederer/Brand 2006; Kastner/Hagemann/ Kliesch 2005; McKee-Ryan et al. 2005; Kieselbach et al. 2006; Paul et al. 2006).

Bereits im Jahr 1933 wurden die unmittelbaren Konsequenzen für das Individuum, welche der Verlust des Arbeitsplatzes nach sich zieht, in der empirischen Studie von Jahoda et al. idealtypisch als Phasenmodell beschrieben. Auch aktuelle Studien beziehen sich auf das Modell, weshalb nach wie vor von dessen Relevanz ausgegangen werden kann (Barwinski-Fäh 2002; Fischer/Riedesser 2003). In diesem Modell wird das Erleben des Arbeitsplatzverlustes als Schock beschrieben, aus welchem ein ‚seelisches Tief' im Sinne einer depressiven Stimmung resultieren kann. Die Suche nach einem neuen Arbeitsplatz kann zunächst von einer Phase des Optimismus und der Aktivität begleitet sein. Bei Misserfolg und angesichts der auf Dauer sinkenden Alternativen, wieder in den Arbeitsmarkt integriert zu werden, folgt ein weiteres ‚seelisches Tief', das sich in Depressionen und auch in Selbstmordgedanken äußern kann.

Betrachtet man die Auswirkungen von Arbeitslosigkeit auf den Einzelnen, so spielt die Dauer der Erfahrung eine entscheidende Rolle bei der Ausprägung von somatischen und/oder psychosomatischen Beschwerdebildern. Langzeitstudien haben gezeigt, dass vor allem nach Erfahrungen von 12 Monaten und mehr psychische Langzeitfolgen auftreten (Berth et al. 2008). Gleichmut und Fatalismus werden zum Überlebensprinzip. Durch die Arbeitslosigkeit verändert sich die Perspektive der betroffenen Person schlagartig. Ihr wird eine neue gesellschaftliche Rolle auferlegt, mit der sich die wenigsten dauerhaft identifizieren können oder wollen. Gerade für Männer ist diese Rollenzuschreibung schwierig, da auch in Zeiten der Emanzipation der Frau und deren Beteiligung am Arbeitsmarkt das konservative „male-breadwinner-Modell" noch in den Köpfen und gesellschaftlichen Erwartungen herumgeistert (Kieselbach/Beelmann 2006).

„Nirgendwo ist das Maß an Selbstvorwürfen, die sich Arbeitslose machen, so hoch wie in Deutschland. [...] nirgendwo ist es so aussichtslos wie in Deutschland, Arbeit zu finden, wenn man sie verloren hat" (Leibfried 2004). Dies ist vor allem dann der Fall, wenn man(n) in den neuen Bundesländern lebt. Hier ist wie dargestellt die Zahl der von Arbeitslosigkeit betroffenen Personen doppelt so hoch wie in den alten Bundesländern.

Die psychischen Folgen von Arbeitslosigkeit stellen insgesamt ein stark beforschtes Untersuchungsfeld dar. Neuere Metaanalysen bzw. Überblicksarbeiten wurden etwa von Feather (1999), Murphy/Athanasou (1999) oder Winefield (1995; 2002) vorgelegt. Dabei kann zwischen objektiven und subjektiven Gesundheitsfolgen von Arbeitslosigkeit unterschieden werden: Auf objektiver

Seite finden sich etwa die Erhöhung des systolischen Blutdrucks, gesteigerter Alkohol- und Nikotinkonsum, die Zunahme von Herzinfarkten, die Steigerung von Medikamentendosen, die Zunahme von Arztbesuchen, die häufigere und längere Dauer von Krankenhausaufenthalten oder die erhöhte Mortalität bei Arbeitslosen (Laubach/Mundt/Brähler 1999). Dies hat die Gesundheitsberichterstattung des Bundes (Grobe/Schwartz 2003) eindrucksvoll unterstrichen. Dort konnte, bezogen auf verschiedene Diagnosen, auch gezeigt werden, dass es bei Arbeitslosen vor allem bei gastrointestinalen (also häufig psychosomatischen) und mehr noch bei psychischen Beschwerden zu einer deutlichen Zunahme kommt. Somit erweist sich insbesondere die subjektive Qualität der Beeinträchtigung als sehr wichtig. In eigenen früheren Repräsentativerhebungen zeigte sich, dass Ängstlichkeit, Depressivität und Körperbeschwerden bei Arbeitslosen wesentlich ausgeprägter sind als bei Nichtarbeitslosen (Brähler/Laubach/Stöbel-Richter 2002). In einer Metaanalyse fanden Moser und Paul (2001), dass insbesondere Langzeitarbeitslose (mehr als ein Jahr ohne Arbeit), Männer, Arbeiter und Jugendliche unter den psychischen Folgen von Arbeitslosigkeit leiden.

Der seit den 1970er Jahren im Bereich der alten Länder begonnene und in den neuen Ländern durch die deutsche Wiedervereinigung ausgelöste Wandel in der Arbeitswelt bedingt, dass sich die Arbeitslosigkeitsforschung in letzter Zeit verstärkt zum einen den Auswirkungen von Langzeitarbeitslosigkeit (vgl. Mohr 2001) und zum anderen (psychologischen) Interventionsstrategien, die direkt die Arbeitslosen betreffen (z.B. die Stärkung der Eigeninitiative, vgl. z.B. Frese et al. 2002), widmet.

Für die Erklärung des Zusammenhangs von Arbeitslosigkeit und Gesundheit werden zwei gegensätzliche Hypothesen herangezogen (Brähler et al. 2002): die Kausalitäts- und die Selektionshypothese. Die Kausalitätshypothese (Häfner 1990) besagt, dass der Eintritt von Arbeitslosigkeit kausal zu den o.g. negativen psychischen und physischen Folgen, zu Krankheit und sogar Tod führt. Dies kann zum einen direkt und andererseits indirekt Folge eines geänderten Verhaltens, wie z.B. höher Nikotin- und Alkoholkonsum, sein oder durch sozioökonomische Belastungen, wie etwa finanzielle Probleme, erfolgen.

Die Selektionshypothese (Elkeles/Seifert 1992) hingegen postuliert, dass Arbeitslosigkeit als Folge eines schlechten Gesundheitszustandes eintritt. Personen, die häufiger und länger krank sind, werden eher arbeitslos und bleiben dies auch länger als gesündere Personen.

Für beide Hypothesen fanden sich in Studien Belege; für die Kausalitätshypothese etwa bei Semmer und Udris (1993) oder Bjarnason und Sigurdardottir (2003), für die Selektionshypothese z.B. bei Kivimäki et al. (2003). Aus den Ergebnissen vieler Untersuchungen lässt sich jedoch ableiten, dass beide Hypothesen gleichzeitig nebeneinander ihre Berechtigung haben und als Erklärungsmuster herangezogen werden können (vgl. z.B. Grobe/Schwartz 2003; Paul/ Moser 2001; Broutschek/Schmidt/Dauer 1999).

Arbeitslosigkeit ist und bleibt in Deutschland gesellschaftliche Realität, da mittelfristig auf dem Arbeitsmarkt keine gravierende Besserung zu erwarten ist. Somit werden weiterhin umfassende Forschungen zu den psychosozialen Folgen von Arbeitslosigkeit notwendig sein. Trotz der Vielzahl an vorliegenden Untersuchungen gibt es nur wenige Studien (etwa Brähler et al. 2002; Laubach et al. 1999), die auf repräsentativen Bevölkerungsstichproben beruhen.

Aber auch Arbeitsplatzunsicherheit kann zu gravierenden gesundheitlichen Beeinträchtigungen führen. Den Zusammenhang zwischen der Angst vor Arbeitsplatzverlust und affektiven Störungen berichtet z.B. die Whitehall-Studie: In einem zweieinhalbjährigen Beobachtungszeitraum zeigte sich an britischen Regierungsangestellten, dass Frauen, die von chronischer Arbeitsplatzunsicherheit betroffen waren, ein höheres Risiko hatten, an einer affektiven Störung zu erkranken (Ferrie et al. 2002).

An einer repräsentativen Stichprobe der deutschen Erwerbsbevölkerung konnten Dragano et al. (2005) nachweisen, dass eigene Erfahrungen von Stellenabbau (,Downsizing') mit gesundheitlichen Beschwerden assoziiert waren. Auch Personen, die einen derartigen Prozess beruflich überdauerten, wiesen ein erhöhtes Krankheitsrisiko für Herz-Kreislauferkrankungen und sogar ein erhöhtes Mortalitätsrisiko, insbesondere an koronaren Herzerkrankungen, auf (Vahtera et al. 2004). Auch die Ergebnisse der Studie von Sverke et al. (2004) ergaben, dass Arbeitsplatzunsicherheit deutlich mit psychischen Beeinträchtigungen einhergeht.

Die im folgenden dargestellten ausgewählten Ergebnisse legen anhand zweier in den Jahren 2004 und 2006 erhobenen deutschlandrepräsentativen Stichproben dar, auf welche Lebensbereiche sich Arbeitslosigkeit sowie die Angst vor Arbeitsplatzverlust traumatisierend auswirken. Dabei werden das Ausmaß von Depressivität und Angst sowie Stimmungslage und Lebenszufriedenheit bei Arbeitslosen im Vergleich zu Nichtarbeitslosen und im Vergleich zu Personen betrachtet, die vom Verlust der Arbeit bedroht sind.

Anhand der Frage „Wie sehr machen Sie sich zur Zeit Sorgen wegen Ihres Arbeitsplatzes?" wurde die Arbeitsplatzbedrohung Berufstätiger erhoben. Sowohl die Arbeitslosigkeit als auch deren Dauer wurden anhand der Angaben der Befragten, also subjektiv, erfasst. Die körperlichen und/oder psychischen Beeinträchtigungen wurden mittels verschiedener Fragebögen erfragt, welche unter 2.2 eingehender beschrieben werden.

2. Methode

2.1 Stichproben

Die vorliegenden Stichproben basieren auf zwei bevölkerungsrepräsentativen Umfragen, die durch den Unabhängigen Service für Umfragen, Methoden und Analysen Berlin (USUMA) durchgeführt wurden. Die in die Studien einbezogenen Personen wurden per Zufallsauswahl ermittelt (Random-Route-Verfahren), zu Hause aufgesucht und von geschulten Interviewern dort befragt (face-to-face-Interview). Die Auswahl der Zielperson im Haushalt erfolgte ebenfalls nach dem Zufallsprinzip aus der Gruppe der Haushaltsmitglieder ab 14 Jahre. Die Zielpersonen wurden gebeten, verschiedene Angaben zu ihrer Person zu machen, sowie jeweils einen umfangreichen Erhebungsbogen auszufüllen, welcher vor allem psychodiagnostische Verfahren enthielt. Ausländer wurden zur Vermeidung von Sprachproblemen nicht mit in die Studie aufgenommen.

Die Repräsentativität der Stichprobe konnte durch Ziehung von ADM (Arbeitskreis Deutsche Marktforschungsinstitute)-Stichproben (Koch 1997) und durch Vergleiche mit den Angaben des Statistischen Bundesamtes gesichert werden. Im Jahr 2004 wurden insgesamt 2473 Personen mit einem Altersrange von 14–99 Jahren befragt, im Jahr 2006 insgesamt 4872 Personen mit einem Altersrange von 14–92 Jahren.

Für die vorliegende Fragestellung wurden die Teilstichproben derjenigen Männer zwischen 18 und 60 Jahren ausgewählt, die Angaben zur Berufstätigkeit gemacht hatten (Berufstätige mit und ohne Sorgen um den Arbeitsplatz sowie Arbeitslose). Die Stichprobe aus dem Jahr 2004 umfasst somit 660 Personen, aus dem Jahr 2006 1241 Personen. In der Stichprobe aus dem Jahr 2004 waren N = 77 Männer (12 %) zum Zeitpunkt der Erhebung arbeitslos, 166 Männer hatten Sorgen um ihren Arbeitsplatz (25 %). In der Stichprobe aus dem Jahr 2006 waren N = 140 Männer (11 %) zum Zeitpunkt der Erhebung arbeitslos, 306 Männer hatten Sorgen um ihren Arbeitsplatz (25 %).

Tabelle 1 (s. Anhang) gibt einen Überblick über die wichtigsten soziodemographischen Merkmale der beiden Teilstichproben aus den Jahren 2004 und 2006.

2.2 Fragebogen

In der Befragung im Jahr 2004 wurden u.a. die folgenden Erhebungsinstrumente eingesetzt:

- **Trierer Inventar zur Erfassung von chronischem Stress** (TICS)
- **Fragebogen zur Erfassung des körperlichen Wohlbefindens** (FEW-16)
- **WHO-5 Wohlbefindens-Index**
- **Screening für somatoforme Störungen** (SOMS)

Das **Trierer Inventar zur Erfassung von chronischem Stress** (TICS, Schulz et al. 2004) erfasst anhand von 57 Items neun Aspekte von chronischem Stress: Arbeitsüberlastung, Soziale Überlastung, Erfolgsdruck, Unzufriedenheit mit der Arbeit, Überforderung bei der Arbeit, Mangel an sozialer Anerkennung, Soziale Spannungen, Soziale Isolation und Chronische Besorgnis. Aus 12 Items wird eine Screening Skala für Chronischen Stress gebildet. Die Items werden auf einer fünfstufige Ratingskala (0 = nie bis 4 = sehr häufig) erhoben. Höhere Werte sprechen für ein höheres Maß an Stress.

Mit dem **Fragebogen zur Erfassung des körperlichen Wohlbefindens** (FEW-16, Kolip/Schmidt 1999) werden vier Dimensionen körperlichen Wohlbefindens erfasst: Belastbarkeit, Vitalität, Genussfähigkeit und Innere Ruhe. Jeder Skala sind jeweils vier ausschließlich positiv formulierte Items zugeordnet, die auf einer sechs-stufigen Skala (0 = trifft überhaupt nicht zu bis 5 = trifft voll und ganz zu) bewertet werden. Die Skalenwerte wurden als Mittelwerte der zugehörigen Items errechnet. In den dargestellten Ergebnissen wird der Gesamtwert verwendet, der als Mittelwert der 4 Skalenwerte berechnet wurde. Höhere Werte entsprechen einem besseren körperlichen Wohlbefinden. Es liegen alters- und geschlechtsspezifische Normwerte vor (Albani et al. 2006).

Der **WHO-5 Wohlbefindens-Index** (Bech 2004; Bech et al. 2003) ist ein Selbstbeurteilungsverfahren zur Erfassung des Wohlbefindens und wurde in der Repräsentativerhebung in Version II erhoben (Brähler et al. 2007). Anhand fünf verschiedener Items wird das Wohlbefinden in den letzten zwei Wochen erhoben: z.B. „In den letzten zwei Wochen ... war ich froh und guter Laune". Die Beantwortung erfolgt auf einer sechsstufigen Skala von 0 = zu keinem Zeitpunkt bis 5 = die ganze Zeit. Der Indexwert wird durch Summierung der 5 Itemwerte gebildet, wobei jeweils höhere Werte ein besseres Wohlbefinden anzeigen.

Mögliche somatoforme Beschwerden wurden mit dem **Screening für somatoforme Störungen** (SOMS, Rief et al. 1997) erhoben. Der SOMS ermöglicht die Identifikation, Klassifikation, Quantifizierung sowie Verlaufsbeschreibung somatoformer Störungen, d.h. von Körperbeschwerden, die nicht ausreichend durch eine organische Diagnose erklärt werden können. Die 53 Items werden für die vergangenen sieben Tage auf einer fünfstufigen Antwortskala erhoben (0 = gar nicht bis 4 = sehr stark). Die Auswertung erfolgte auf der Basis des Summenscores (aufsummieren aller Items), wobei mindestens 35 Items beantwortet sein mussten. Fehlwerte wurden durch den Mittelwert der Items ersetzt.

Die Probanden wurden darüber hinaus gebeten, verschiedene Fragen zu ihrer aktuellen Belastungssituation (Grulke et al. 2006) in den folgenden Lebensbereichen zu beantworten: Wie sehr machen Sie sich zur Zeit Sorgen wegen: Ihres Arbeitsplatzes, Ihrer finanziellen Situation, Ihrer Familie, Ihrer gesundheitlichen Situation? Die Einschätzung erfolgte auf einer vierstufigen Skala (1 = überhaupt keine bis 4 = sehr große). Höhere Werte entsprechen mehr Sorgen.

Vereinfachend wurden diejenigen, die auf die Frage nach der Besorgtheit um den Arbeitsplatz mit „überhaupt keine" oder „eher wenig" Sorgen geantwortet hatten, zu einer Gruppe „ohne Sorgen", diejenigen, die mit „eher viel" oder „sehr große" Sorgen geantwortet hatten, zu einer Gruppe „mit Sorgen" zusammengefasst.

In der Befragung im Jahr 2006 wurden u.a. die folgenden Erhebungsinstrumente eingesetzt:

- **Patient Health Questionnaire** (PHQ-2)
- **Generalized anxiety disorder** (GAD-2)
- **Selbstwertgefühl** (Self-Esteem Scale)

Der Patient Health Questionnaire (PHQ-2, Löwe et al. 2005) ist die deutsche Fassung des aus dem amerikanischen Sprachraum stammenden und dort weit verbreiteten „Prime MD Patient Health Questionnaire" (Spitzer et al. 1999). Die hier eingesetzte Kurzform (2 Items) erlaubt das Erfassen depressiver Beschwerden anhand der Frage „Wie oft fühlten Sie sich im Verlauf der letzten 2 Wochen durch die folgenden Beschwerden beeinträchtigt?", bezogen auf die Aspekte „Wenig Interesse oder Freude an Ihren Tätigkeiten" sowie „Niedergeschlagenheit, Schwermut oder Hoffnungslosigkeit". Die Beantwortung erfolgt auf einer vierstufigen Skala von 1 = überhaupt nicht bis 4 = beinahe jeden Tag. Beide Items werden zu einem Score für Depressivität aufsummiert; höhere Werte stehen für stärkere depressive Beschwerden.

Der Fragebogen zu Generalized anxiety disorder (GAD-2, Spitzer et al. 2006) misst generalisierte Angststörungen anhand von 2 Items. Erfragt werden Beschwerden innerhalb der letzten zwei Wochen auf einer 4-stufigen Skala von 1 = überhaupt nicht bis 4 = beinahe jeden Tag. Beide Items können zu einem Summenscore aufsummiert werden; höhere Werte stehen für höhere Ängstlichkeit.

Die Rosenberg-Skala zum Selbstwertgefühl (Rosenberg 1965) wurde in der deutschen Fassung von Ferring/Filipp (1996) eingesetzt. In 10 Items werden verschiedene Aspekte zum Selbstwert erfragt, die Beantwortung erfolgt auf einer vierstufigen Skala von 0 = trifft gar nicht zu bis 3 = trifft voll und ganz zu. Alle 10 Items können zu einem Summenscore aufsummiert werden; höhere Werte stehen für ein höheres Selbstwertgefühl.

3. Ergebnisse

Ergebnisse 2004

Chronischer Stress

Die Auswertungen für die Skalen des Trierer Inventars zur Erfassung von chronischem Stress (TICS, vgl. auch Albani et al. 2006) zeigen, dass das Belastungsempfinden bei arbeitenden Männern, die sich große Sorgen um ihren Arbeitsplatz machen, und arbeitslosen Männern annähernd gleich hoch ist: beide Teilgruppen geben hohe Werte auf den Skalen Überforderung, chronischer Stress (Screening Skala), soziale Spannungen und Mangel an sozialer Anerkennung an. Unterteilt man die Männer nach Altersgruppen, so zeigt sich für die Gruppe der 41-50jährigen arbeitslosen Männer ein deutlich höherer Wert auf der Skala Chronische Besorgnis als bei den anderen Altersgruppen und jenen, die nicht von Arbeitslosigkeit betroffen sind. Männer mit Sorgen um den Arbeitsplatz geben eine deutlich stärkere Arbeits- und soziale Überlastung an, als Männer ohne Sorgen um den Arbeitsplatz und Arbeitslose, sowie den höchsten Erfolgsdruck.

Der Wert für die Skala Soziale Isolation ist bei den arbeitslosen Männern deutlich höher als bei den anderen beiden Teilgruppen. Ausgewählte Ergebnisse finden sich in Abb. 1.

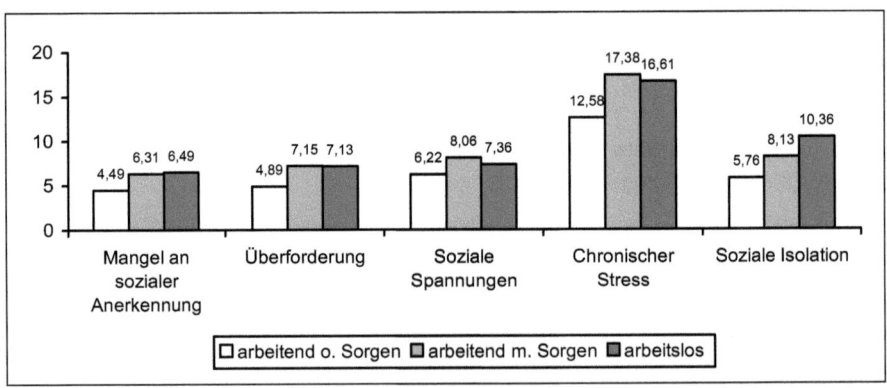

Abb. 1: Ausgewählte Ergebnisse (Mittelwerte) des TICS für die Gruppe der Männer zwischen 18-60 Jahren, 2004

Körperliches Wohlbefinden und Lebensqualität
Die Auswertungen zum Fragebogen zur Erfassung des körperlichen Wohlbefindens (FEW-16) zeigen auf allen vier Skalen Belastbarkeit, Vitalität, Genuss-

Arbeitslosigkeit, Arbeitsplatzbedrohung und psychische Gesundheit bei Männern 35

fähigkeit und Innere Ruhe die geringsten Werte für die Gruppe der arbeitslosen Männer. Unterteilt man die Stichprobe zusätzlich nach Altersgruppen, so wird deutlich, dass es vor allem die arbeitslosen Männer ab 41 Jahren und älter sind, die eine geringe Belastbarkeit, Vitalität und Genussfähigkeit angeben (vgl. Abb. 2).

Diese Ergebnisse bestätigen sich auch bei der Auswertung des Screenings für somatoforme Störungen (SOMS). Hier weist die Gruppe der 51-60jährigen arbeitslosen Männer die höchsten Werte auf, dicht gefolgt von den Männern der gleichen Altersgruppe, die sich Sorgen um ihren Arbeitsplatz machen (vgl. Abb. 3).

Die Ergebnisse des WHO-5-Wohlbefindensindex zeigen darüber hinaus deutlich, dass sich mit zunehmendem Alter und der Belastung durch Arbeitslosigkeit auch das Wohlbefinden stark einschränkt, aber auch, dass sich die Sorge um den Arbeitsplatz bereits einschränkend auswirkt (vgl. Abb. 4).

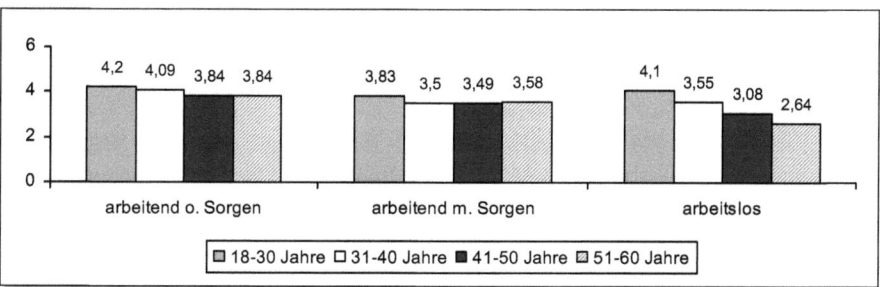

Abb. 2: FEW-Gesamtskala (Mittelwerte) für die Gruppe der Männer zwischen 18-60 Jahren nach Altersgruppen, 2004

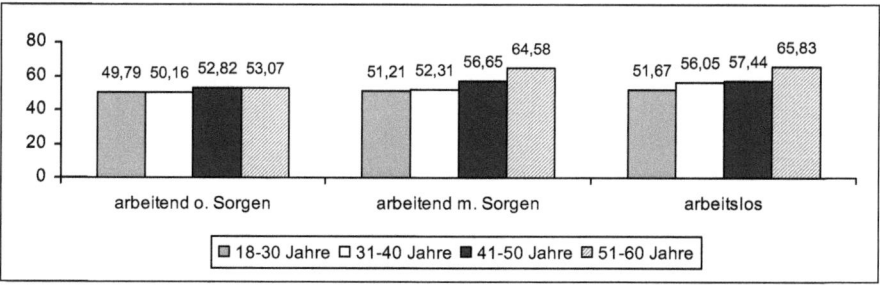

Abb. 3: Somatoforme Beschwerden (Mittelwerte) für die Gruppe der Männer zwischen 18-60 Jahren nach Altersgruppen, 2004

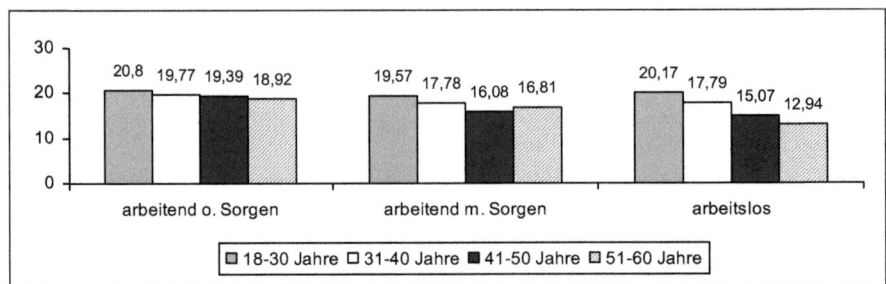

Abb. 4: Wohlbefindensindex WHO-5 (Mittelwerte) für die Gruppe der Männer zwischen 18-60 Jahren nach Altersgruppen, 2004

Insgesamt zeigen sich sowohl für die arbeitslosen Männer als auch für jene mit Sorgen um den Arbeitsplatz deutliche Einschränkungen im körperlichen Wohlbefinden und in der Lebensqualität sowie ein erhöhter chronischer Stress.

Ergebnisse 2006

Angst, Depression und Selbstwertgefühl
Die Ergebnisse für PHQ-2, GAD-2 und die Rosenberg-Skala zum Selbstwertgefühl zeigen, dass arbeitslose Männer die höchsten Werte für depressive und Angststörungen aufweisen. Ebenfalls bei dieser Gruppe ist das Selbstwertgefühl am geringsten. Deutliche Einschränkungen zeigen sich allerdings auch bei der Gruppe derjenigen Männer, die vom Verlust ihres Arbeitsplatzes bedroht sind. Abbildung 5 zeigt die Mittelwerte im Vergleich.

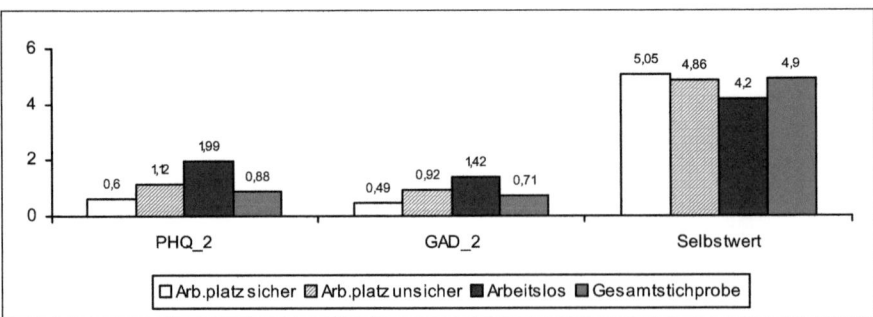

Abb. 5: Angst und Depression für die Gruppe der Männer zwischen 18-60 Jahren (Mittelwerte), 2006

4. Diskussion

Die Ergebnisse der beiden deutschlandrepräsentativen Erhebungen unterstreichen mit großer Deutlichkeit, dass sich Arbeitslosigkeit als traumatisierendes Ereignis auf die persönliche Biographie auswirkt. Dabei kommt es sowohl zu körperlichen und psychischen Einschränkungen, als auch zu einer Verminderung der Lebensqualität. In allen erhobenen standardisierten Erhebungsinstrumenten (TICS, SOMS, WHO-5, FEW-16, PHQ-2, GAD-2, Selbstwertgefühl) fanden sich deutliche Unterschiede zwischen den Arbeitslosen und Nichtarbeitslosen, darüber hinaus aber auch zwischen jenen, deren Arbeitsplatz bedroht ist und den beiden anderen Gruppen. Erwartungsgemäß gab dabei die Gruppe der arbeitenden Männer die beste psychische und somatische Verfassung und Lebensqualität an.

Bezogen auf die Gruppe der arbeitslosen Männer kann konstatiert werden, dass Arbeitslosigkeit zu einer globalen psychischen und somatischen Verschlechterung des Befindens führt (Lebensqualität, Angst, Vitalität usw.; vgl. auch Albani et al. 2006). Ergebnisse aus Langzeitstudien zeigen darüber hinaus, dass es sich hierbei nicht um passagere Beeinträchtigungen handelt, sondern dass diese oft auch im Fall der Rückkehr in den Arbeitsmarkt längerfristig nachwirken (Lucas et al. 2004). Darüber hinaus sind die Beeinträchtigungen im Selbstwertgefühl, die Erfahrung, für die Gesellschaft ‚nicht von Nutzen zu sein' bzw. nicht mehr für das Familieneinkommen aufkommen zu können, in einer Gesellschaft, die sich vornehmlich durch Arbeit, deren Inhalte und deren finanzielle Äquivalenzleistungen definiert, nur schwer zu verarbeiten und können sich in der Folge auch auf Partnerschafts- und familiäre Aspekte auswirken (Stöbel-Richter et al. 2007; Lucas et al. 2004). Die Arbeit von Barwinski-Fäh (2002) analysiert Arbeitslosigkeit und deren Folgeerscheinungen: Die ständigen, wiederholten individuellen Beeinträchtigungen, welche mit einer Schädigung des Gefühls der Eigenverantwortung einhergehen, können als wesentlich für die traumatisierende Wirkung von Arbeitslosigkeit angenommen werden. Die Bedeutung der Selbstwirksamkeit für das Erleben der Arbeitslosigkeit konnte auch in anderen Studien unterstrichen werden (etwa Abele/Stief 2001; Puls et al. 1999; Mittag/Schwarzer 1993; Wacker/Kolobkowa 2000).

Zum Teil überraschend waren die Ergebnisse für die Gruppe der Männer mit unsicherem Arbeitsplatz. Die Daten zeigen deutlich, dass schon diese Unsicherheit sich mindernd auf das Befinden auswirkt. Das heißt, der Druck, mit welchem die Betroffenen ihrer aktuellen Tätigkeit nachgehen, dürfte enorm sein und auch im Arbeitsprozess nicht folgenlos bleiben.

Wie von Berth et al. (2003a; 2003b) gezeigt werden konnte, kann auch bereits die antizipierte Arbeitslosigkeit bzw. ein als unsicher empfundener Arbeitsplatz zu einer deutlich negativen psychischen Stimmung, Angst, Depressivität und Einschränkungen in der Lebensqualität führen.

Kritisch anzumerken bleibt, dass die hier vorgestellten Querschnittsdaten keine Aussagen bzgl. der Kausalrichtung der Wechselwirkung von Arbeitslosigkeit und Gesundheit zulassen. Ob nun Arbeitslose aufgrund der Arbeitslosigkeit ein schlechteres psychisches Befinden aufweisen (Kausalitätshypothese) oder ob sie arbeitslos wurden, weil ihre psychische Gesundheit bereits beeinträchtigt war (Selektionshypothese), kann somit nicht entschieden werden. Zu berücksichtigen ist aber die unterschiedliche Verteilung von Arbeitslosen in den alten und neuen Bundesländern (7,1 % vs. 14,2 %). Gerade für die neuen Bundesländer ist die Frage nach den Ursachen auf der Basis der genannten Theorien nur bedingt anwendbar, hier sind es vielmehr strukturelle und ökonomische Ursachen, die dazu führen, dass Menschen ihren Arbeitsplatz verlieren bzw. von dessen Verlust bedroht sind.

Daher kann eine umfassende Ursache-Wirkungs-Kausalität nur im Längsschnitt geklärt werden.

Literatur

Abele, A./Stief, M.: Prädiktoren von Akademikererwerbslosigkeit: Ergebnisse der Erlanger Längsschnittstudie zur beruflichen Laufbahnentwicklung von Hochschulabsolventinnen und -absolventen im Vergleich (BELA-E). In: Zempel, J./Bacher, J./Moser, K. (Hg.): Erwerbslosigkeit. Ursachen, Auswirkungen und Interventionen. Opladen 2001, S. 61-82.

Albani, C./Blaser, G./Geyer, M./Schmutzer, G./Hinz, A./Bailer, H./Grulke, N./ Brähler, E.: Validierung und Normierung des „Fragebogen zur Erfassung des körperlichen Wohlbefindens" (FEW-16) von Kolip und Schmidt an einer repräsentativen deutschen Bevölkerungsstichprobe. In: Psychotherapie, Psychosomatik, medizinische Psychologie 56(2006), S. 172-181.

Barwinski-Fäh, R.: Zerstört fehlende soziale Verantwortung das Gefühl der Eigenverantwortung? Eine Analyse der Wirkung von Arbeitslosigkeit anhand psychotraumatologischer Konzepte. In: Psychotraumatologie 33(2002), (http:// www.thieme.de/psychotrauma/).

Bech, P.: Measuring the dimensions of psychological general well-being by the WHO-5. In: QoL Newsletter 32(2004), S. 15-16.

Bech, P./Olsen, R.L./Kjoller, M./Rasmussen, N.K.: Measuring well-being rather than the absence of distress symptoms: a comparison of the SF-36 Mental Health subscale and the WHO-Five Well-Being Scale. In: International Journal of Methods in Psychiatric Research 12(2003), S. 85-91.

Berth, H./Förster, P./Brähler, E.: Gesundheitsfolgen von Arbeitslosigkeit und Arbeitsplatzunsicherheit bei jungen Erwachsenen. In: Das Gesundheitswesen 10(2003a), S. 555-560.

Berth, H./Förster, P./Brähler, E.: Arbeitslosigkeit und Gesundheit. Ergebnisse einer Studie bei jungen Erwachsenen. In: Jahrbuch für Kritische Medizin 39(2003b), S. 108-124.

Bjarnason, T./Sigurdardottir, T.J.: Psychological distress during unemployment and beyond: social support and material deprivation among youth in six northern European countries. In: Social Science & Medicine 56(2003), S. 973-985.

Brähler, E./Laubach, W./Stöbel-Richter, Y.: Belastung und Befindlichkeit von Arbeitslosen in Deutschland. In: Schumacher, J/Reschke, K./Schröder, H. (Hg.): Mensch unter Belastung. Frankfurt/M. 2002, S. 201-214.

Brähler, E./Mühlan, H./Albani, C./Schmidt, S.: Teststatistische Prüfung und Normierung der deutschen Versionen des EUROHIS-QOL Lebensqualität-Index und des WHO-5 Wohlbefindens-Index. In: Diagnostica 53(2007), S. 83-96.

Broutschek, B./Schmidt, S./Dauer, S.: Macht Arbeitslosigkeit krank oder Krankheit arbeitslos? Psychologische Theorien zur Beschreibung von Arbeitslosigkeit. In: Dauer, S./Hennig, H./Meischner-Al-Mousawi, M./Stück, M. (Hg.): Arbeitslosigkeit und Gesundheit. Halle 1999, S. 72-92.

Bundesagentur für Arbeit: Der Arbeits- und Ausbildungsmarkt in Deutschland August 2008. Monatsbericht, http://www.pub.arbeitsamt.de/hst/services/statis tik/000000/html/start/monat/aktuell.pdf (08.09.2008).

Dragano, N./Verde, P.E./Siegrist, J.: Organisational downsizing and work stress: testing synergistic health effects in employed men and woman. In: Journal of Epidemiology and Community Health 59(2005), S. 694-699.

Elkeles, T./Seifert, W.: Arbeitslosigkeit und Gesundheit. Langzeitanalysen mit dem Sozio-Ökonomischen Panel. In: Soziale Welt 43(1992), S. 278-300.

Feather, N.T.: The psychological impact of unemployment. New York 1999.

Ferrie, J.E./Shipley, M.J./Stansfeld, S.A./Marmot, M.G.: Effects of chronic job insecurity and change in job security on self reported health. The Whitehall II study. In: Journal of Epidemiology and Community Health 56(2002), S. 450-454.

Ferring, D./Filipp, S.-H.: Messung des Selbstwertgefühls: Befunde zur Reliabilität, Validität und Stabilität der Rosenberg-Skala. In: Diagnostica 42(1996), S. 284-292.

Fischer, G./Riedesser, P.: Lehrbuch der Psychotraumatologie. München: 2003.

Frese, M./Garman, G./Garmeister, K./Halemba, K./Hortig, A./Pulwitt, T./Schildbach, S.: Training zur Erhöhung der Eigeninitiative bei Arbeitslosen: Bericht über einen Pilotversuch. In: Zeitschrift für Arbeits- und Organisationspsychologie 46(2002), S. 89-97.

Grobe, T.G./Schwartz, F.W.: Arbeitslosigkeit und Gesundheit. Gesundheitsberichterstattung des Bundes. H. 13. Berlin 2003.

Grulke, N./Bailer, H./Blaser, G./Geyer, M./Schmutzer, G./Brähler, E. et al.: Worrying about one's job, familiy, financial situation and health – results of a population-representative study. In: GMS Psycho-Social-Medicine 3(2006), S. 1-11.

Häfner, H.: Arbeitslosigkeit – Ursache von Krankheit und Sterberisiken? In: Zeitschrift für Klinische Psychologie 14(1990), S. 1-17.

Hollederer, A./Brand, H. (Hg.): Arbeitslosigkeit, Gesundheit und Krankheit. Bern 2006.

Kastner, M./Hagemann, T./Kliesch, G. (Hg.): Arbeitslosigkeit und Gesundheit. Arbeitsmarktintegrierte Gesundheitsförderung. Lengerich 2005.

Kieselbach, T./Beelmann, G.: Psychosoziale Risiken von Arbeitsplatzverlust und Arbeitslosigkeit. Effekte und Prävention. In: Psychotherapeut 51(2006), S. 451-459.

Kieselbach, T./Winefield, A.H./Boyd, C./Anderson, S. (Hg.): Unemployment and Health. International and interdisciplinary perspectives. Brisbane 2006.

Kivimäki, M./Elovainio, M./Kokko, K./Pulkkinen, L./Kortteinen, M./Tuomikoski, H.: Hostility, unemployment and health status: testing three theoretical model. In: Social Science & Medicine 56(2003), S. 2139-2152.

Kolip, P./Schmidt, B.: Der Fragebogen zur Erfassung körperlichen Wohlbefindens. In: Zeitschrift für Gesundheitspsychologie 7(1999), S. 77-87.

Laubach, W./Mundt, A./Brähler, E.: Selbstkonzept, Körperbeschwerden und Gesundheitseinstellung nach Verlust der Arbeit – ein Vergleich zwischen Arbeitslosen und Beschäftigten anhand einer repräsentativen Untersuchung der deutschen Bevölkerung. In: Hessel, A./Geyer, M./Brähler, E. (Hg.): Gewinne und Verluste sozialen Wandels. Globalisierung und deutsche Wiedervereinigung aus psychosozialer Sicht. Opladen 1999, S. 75-92.

Leibfried, S.: „Wo sind die Arbeitsplätze?" Interview im Tagesspiegel vom 12.5.2004, S. 2.

Löwe, B./Kroenke, K./Gräfe, K.: Detecting and monitoring depression with a 2-item questionnaire (PHQ 2). In: Journal of Psychosomatic Research 58(2005), S. 163-171.

Lucas, R.E./Clark, A.E./Georgellis, Y./Diener, E.: Unemployment Alters the Set Point for Life Satisfaction. In: Psychological Science 15(2004), S. 8-13.

McKee-Ryan, F.M./Song, Z./Wanberg, C.R./Kinicki, A.J.: Psychological and physical well-being during unemployment: A meta-analytic study. In: Journal of Applied Psychology 90(2005), S. 53-76.

Mittag, W./Schwarzer, R.: Interaction of employment status and self-efficacy on alcohol consumption: A two-wave study on stressful life transitions. In: Psychology and Health 8(1993), S. 77-87.

Mohr, G.: Langzeiterwerbslosigkeit. In: Zempel, J./Bacher, J./Moser, K. (Hg.): Erwerbslosigkeit. Ursachen, Auswirkungen und Interventionen. Opladen 2001, S. 111-131.

Moser, K./Paul, K.: Arbeitslosigkeit und seelische Gesundheit. In: Verhaltenstherapie und psychosoziale Praxis 33(2001), S. 431-442.

Murphy, G.C./Athanasou, J.A.: The effect of unemployment on mental health. In: Journal of Occupational and Organizational Psychology 72(1999), S. 83-99.

Paul, K./Moser, K.: Negatives psychisches Befinden als Wirkung und als Ursache von Arbeitslosigkeit: Ergebnisse einer Metaanalyse. In: Zempel, J./Bacher, J./Moser, K. (Hg.): Erwerbslosigkeit. Ursachen, Auswirkungen und Interventionen. Opladen 2001, S. 83-110.

Paul, K.I./Hassel, A./Moser, K.: Die Auswirkungen von Arbeitslosigkeit auf die psychische Gesundheit: Befunde einer quantitativen Forschungsintegration. In: Hollederer, A./Brand, H. (Hg.): Arbeitslosigkeit, Gesundheit und Krankheit. Bern 2006, S. 35-51.

Puls, W./Inhester, M.-L./Reinecke, J./Wienold, H.: Alkoholkonsum und alkoholbezogene Verhaltensprobleme bei arbeitslosen Metallarbeitern in der Perspektive der Affekt-Regulations-Hypothese. In: Sucht 45(1999), S. 390-405.

Rief, W./Hiller, W./Heuser, J.: SOMS – Das Screening für Somatoforme Störungen. Manual zum Fragebogen. Bern 1997.

Rosenberg, M.: Society and the adolescent selfimage. Princeton/NJ 1965.

Schulz, P./Schlotz, W./Becker, P.: Trierer Inventar zum chronischen Stress (TICS). Göttingen 2004.

Semmer, N./Udris, I.: Psychologische Arbeitslosenforschung: Was der Verlust der Arbeit bewirken kann. In: Psychoscope 14(1993), S. 11-13.

Spitzer, R.L./Kroenke, M.D./Williams, J.B.: Validation and utility of a self-report version of PRIME-MD: the PHQ primary care study. Primary Care Evaluation of Mental Disorders. Patient Health Questionnaire. In: Journal of the American Medical association 282(1999), S. 1737-1744.

Spitzer, R.L./Kroenke, K./Williams, J./Löwe, B.: A Brief Measure for Assessing Genreralized Anxiety Disorder. In: Archives of Internal Medicine 166(2006), S. 1092-1097.

Stöbel-Richter, Y./Förster, P./Brähler, E./Berth, H.: Vom Single zur Familie. In: Berth, H./Förster, P./Brähler, E./Stöbel-Richter, Y. (Hg.): Einheitslust und Einheitsfrust. Gießen 2007, S. 143-176.

Sverke, M./Hellgern, J./Näswall, K./Chirumbolo, A./De Witte, H./Goslinga, S.: Job insecurity and Union membership. New York 2004.

Vahtera, J./Kivimäki, M./Pentti, J./Linna, A./Virtanen, M./Virtanen, P. et al.: Organisational downsizing, sickness absence, and mortality: 10 town prospective cohort study. In: British Medical Journal (2004), S. 328-555.

Wacker, A./Kolobkowa, A.: Arbeitslosigkeit und Selbstkonzept – ein Beitrag zu einer kontroversen Diskussion. In: Zeitschrift für Arbeits- und Organisationspsychologie 44(2000), S. 69-82.

Winefield, A.H.: Unemployment: Its psychological costs. In: International Review of Industrial and Organizational Psychology 10(1995), S. 169-212.

Winefield, A.H.: The psychology of unemployment. In: v. Hofsten, C./Baeckman, L. (Hg.): Psychology at the turn of the millennium. Vol. 2: Social, developmental, and clinical perspectives. Florence 2002, S. 393-408.

Arbeitslosigkeit, Arbeitsplatzbedrohung und psychische Gesundheit bei Männern

Tab. 1:
Soziodemographische Merkmale der Teilstichproben der Männer unterteilt nach Arbeitslosigkeit und Berufstätigkeit mit und ohne Sorgen um den Arbeitsplatz in den Jahren 2004 und 2006 (Häufigkeiten und Angaben in Prozent)

| | | Arbeitslose | | Berufstätige | | | |
| | | | | mit Sorgen um Arbeitsplatz | | ohne Sorgen um Arbeitsplatz | |
		2004	2006	2004	2006	2004	2006
	n	79	140	166	306	417	783
Alter	Mittelwert	42,2	42,3	40,43	41,71	40,7	42,01
	Streuung	10,72	11,23	10,21	10,61	10,3	10,41
	Spanne	21-60	18-60	18-60	20-60	19-60	20-60
Land	West	50 (64,9 %)	74 (52,8 %)	138 (83,1 %)	234 (76,5 %)	327 (78,4 %)	679 (86,9 %)
	Ost (einschl. Gesamtberlin)	27 (35,1 %)	66 (47,2 %)	28 (16,2 %)	72 (23,5 %)	90 (21,6 %)	102 (13,1 %)
Schulabschluss	ohne Haupt-/Volksschulabschluss	2 (2,6 %)	3 (2,2 %)	2 (2,4 %)	3 (1 %)	2 (0,6 %)	5 (0,6 %)
	Haupt-/Volksschulabschluss	43 (55,8 %)	77 (55 %)	73 (43,9 %)	121 (39,5 %)	124 (29,7 %)	242 (30,9 %)
	Mittlere Reife/Realschule	14 (18,2 %)	21 (15 %)	53 (31,9 %)	85 (27,8 %)	158 (37,8 %)	292 (37,4 %)
	Abschluss der POS (10. Klasse)	12 (15,5 %)	31 (22,1 %)	10 (6,1 %)	46 (15 %)	37 (8,8 %)	46 (5,9 %)
	FS-Abschluss (ohne FHS-Abschluss)	2 (2,6 %)	1 (0,7 %)	10 (6,1 %)	12 (3,9 %)	15 (3,6 %)	23 (2,9 %)
	Abitur ohne abgeschl. Studium	1 (1,3 %)	2 (1,4 %)	8 (4,8 %)	15 (4,9 %)	30 (7,2 %)	77 (9,9 %)
	abgeschlossenes Uni-/Hoch- bzw. FHS-Studium	3 (3,9 %)	5 (3,6 %)	8 (4,8 %)	24 (7,8 %)	51 (12,2 %)	96 (12,3 %)

Erfolgt Familiengründung bei Männern anders als bei Frauen?
Ergebnisse der Sächsischen Längsschnittstudie

Yve Stöbel-Richter, Elmar Brähler, Peter Förster und Hendrik Berth

1. Einleitung

Der gesellschaftliche Wandel in den letzten Jahrzehnten kann hinsichtlich familiensoziologischer Aspekte auch als Spannungsfeld zwischen Freiheit und Risiko umschrieben werden. Familiengründung ist somit in den letzten Jahrzehnten immer mehr zu einem Spannungsfeld zwischen Freiheit und Risiko geworden und darüber hinaus auch nur noch eine Wahloption unter vielen Lebensalternativen. Somit ist auch die Option, gar keine Familie zu gründen, inzwischen gesellschaftlich immer stärker akzeptiert. War Elternschaft früher selbstverständlich, so wird heute mehr und mehr ein Problem daraus. Dabei sind Zögern, Abwägen und Aufschub kein privater Konflikt, sondern vielmehr Ausdruck des derzeitigen epochalen gesellschaftlichen Wandels. Dieser Wandel hat dazu geführt, dass alte Bindungen aufgelöst wurden und neue Formen des Lebenslaufs und – damit einhergehend – neue Erwartungen und Anforderungen, neue Freiräume, und aber auch Abhängigkeiten entstehen.

Der folgende Beitrag setzt sich mit der Frage auseinander, was Männer bewegt, eine Familie zu gründen bzw. dies zu unterlassen. Die Ergebnisse hierzu stammen aus der seit 1987 durchgeführten Sächsischen Längsschnittstudie (SLS), aus welcher nunmehr die Daten von jeweils 400 Personen aus 21 Erhebungswellen vorliegen und welche Zeugnis ablegt über den Werdegang und die individuelle Entwicklung junger Menschen bis ins Erwachsenenalter hinein (vgl. Förster 2002; Berth et al. 2007; Stöbel-Richter 2007; sowie www.wiedervereinigung.de/sls/).

2. Forschungshintergrund

Die TeilnehmerInnen der SLS haben in ihrer Kindheit eine ‚DDR-Sozialisation' erfahren, deren Spezifika an dieser Stelle hinsichtlich der Familienprozesse kurz charakterisiert werden sollen.

Typisch für die DDR waren Familien mit einem oder zwei Kindern. Diese Familien können als so genannter Grundtyp der DDR-Familien, die ‚Norm- bzw. Kernfamilie', bezeichnet werden. In den 1980er Jahren bestanden 62 % aller Haushalte der 18 bis 40-jährigen Frauen aus Ehepaaren mit Kind(ern). Für die DDR war eine generell starke Orientierung auf Partnerschaft mit Kind(ern) sehr charakteristisch. Kinderlose Ehepaare existierten demgegenüber relativ selten (Wendt 1993). Dementsprechend war das dominierende Leitbild das der berufstätigen Frau und Mutter. Es wurde jung geheiratet, dennoch gab es, aufgrund der staatlichen Maßnahmen, in den 1970er und 1980er Jahren einen stetig steigenden Anteil an nichtverheirateten Müttern bei der Geburt des ersten Kindes; 1989 betrug dieser Anteil über 50 %. Kinder wurden relativ zeitig in die individuelle Lebensplanung integriert, das durchschnittliche Erstgebärendenalter lag bei 22 bzw. 23 Jahren, die Ersteiternschaft nach dem 30. Lebensjahr war eine Ausnahme (Schlegel 2002; Adler 2002). Kinder gehörten somit zum Leben ‚einfach' dazu; Familie, Kinder und Partnerschaft nahmen im Wertesystem der Männer und Frauen der DDR eine Spitzenposition ein (Speigner 1987; Neuke 1994; Menning 1995; Dorbritz 1998; Ettrich 2001; Scheller 2004).

Neben dem zeitigen Übergang in die Elternschaft wies die DDR noch ein zweites Spezifikum auf: die überaus hohe Rate an berufstätigen Frauen und die damit verbundene Selbstverständlichkeit für die Frauen, die Doppelbelastung von Haus- und Erziehungsarbeit sowie Lohnarbeit zu vereinbaren.

Nach dem Ende der DDR und dem Beitritt zur Bundesrepublik Deutschland kam es zu einem dramatischen Absinken der Geburtenzahlen in den neuen Ländern. 1989 lag die zusammengefasste Geburtenziffer in der DDR noch deutlich über derjenigen des früheren Bundesgebietes, zwischen 1991 und 1995 war der Bestandserhalt der Elterngeneration in den neuen Bundesländern nicht einmal mehr zur Hälfte gesichert (Wendt 1993). Darüber hinaus kam es durch das Ende der DDR zu einem Austausch bzw. Wandel aller sozialen Institutionen, von der Wirtschaft bis hin zu den Formen des partnerschaftlichen Zusammenlebens.

Die DDR war durch ein hohes Level an staatlicher Planung und ein geringes Level an individuellen Wahlmöglichkeiten charakterisiert. Durch die Wende wurde die Lebensplanung ‚individualisiert', der Einzelne sah sich nicht nur einer bis dato ungekannten Vielzahl an Wahlmöglichkeiten, sondern auch an Entscheidungs-Notwendigkeiten gegenübergestellt (Adler 2002; 2004; Scheller 2004; Dorbritz/Ruckdeschel 2007). Durch diesen Umbruch kam es zu einer Art ‚behavioral lag' in den neuen Bundesländern, d.h. die geltenden gesellschaftlichen Wertvorstellungen und Verhaltensweisen entsprachen (noch) nicht in allen Bereichen den neuen Institutionen; dem ökonomischen Wandel folgte ein verzögerter Wandel des sozialen Raums (Dorbritz/Ruckdeschel 2007).

Aktuelle Forschungsarbeiten zur Familiengründung fokussieren nach wie vor sehr stark die weibliche Perspektive oder den Entscheidungsprozess auf Paarebene. Allerdings gibt es einige wenige Arbeiten, die die Familiengründung speziell bei Männern untersucht haben und welche im Folgenden kurz charakterisiert werden sollen.

Ergänzend zur Studie „frauen leben" wurde im Zeitraum 2001 bis 2004 die Studie „männer leben" durchgeführt (Helfferich et al. 2005), um reproduktive Biographien von Männern näher zu analysieren. Befragt wurden 1503 Männer zwischen 25 und 54 Jahren quantitativ mittels Fragebogens sowie 102 Männer mittels biographischen Interviews. Die Ergebnisse zeigen bei den Männern eine überwiegend starke Partnerschaftsorientierung; 62 % sind verheiratet, zwei Drittel haben eigene Kinder. Ebenso wie bei den Frauen zeigt sich bei den Männern bei den höher Qualifizierten ein deutliches Aufschieben des Übergangs zur ersten Elternschaft. Darüber hinaus wird ein Zusammenhang zwischen Einkommen und Bindungsverhalten deutlich: je höher das Einkommen, desto größer die Wahrscheinlichkeit, dass die Männer mit einer Partnerin zusammen leben und auch gemeinsame Kinder haben; Männer mit niedrigem Einkommen sind häufiger Single. Als ebenfalls einkommensabhängig erweist sich die gewünschte und realisierte Kinderzahl. Kinderlosigkeit ist am häufigsten auf eine fehlende Partnerin zurückzuführen. Hinsichtlich des Übergangs zur Vaterschaft zeigt sich ein ‚Zeitfenster' zwischen zu jung und zu alt, dabei liegt die mittlere angegebene Altersgrenze bei 50,5 Jahren. Mit zunehmendem Alter lässt der Wunsch nach weiteren Kindern nach.

In einer Auswertung des Familiy and Fertility Survey (FFS) kommen Eckardt und Klein (2004; 2006), bezogen auf die Männer der Stichprobe, zu folgenden Ergebnissen: Frauen wünschen sich häufiger ein erstes Kind als Männer. Oftmals besteht der Kinderwunsch bei Männern erst vor dem Hintergrund einer konkreten Paarbeziehung und ist vom Alter der Partnerin abhängig. Männer mit höherem Schulabschluss geben einen stärkeren Wunsch nach einer Familiengründung an. Arbeitslosigkeit wirkt sich bei Männern negativ auf den Wunsch zur Elternschaft aus, bei Frauen hingegen tendenziell positiv. Auch hinsichtlich des Einkommens sind gegenläufige Effekte auf den Kinderwunsch von Männern und Frauen ersichtlich: Der Elternschaftswunsch sowie auch der Wunsch zur Familienerweiterung nimmt bei Männern mit der Höhe des Einkommens zu. Weitere Ergebnisse deuten darauf hin, dass ein höheres Einkommen der Männer nicht nur deren eigenen Elternschaftswunsch, sondern auch den ihrer Partnerinnen positiv beeinflusst. Für Männer ist der Wunsch zur Elternschaft stark von der Einschätzung der aktuellen Partnerschaft als stabile Beziehung abhängig.

Schmitt (2004) wertet in seiner Analyse Daten von 8639 Personen aus dem Sozioökonomischen Panel (SOEP) aus und kommt zu folgenden Ergebnissen: Männer in den Altersgruppen zwischen 20 und 65 Jahren bleiben eher kinderlos als Frauen und besonders auffällig in der Altersgruppe der 35 bis 40-Jährigen: 36,4 % kinderlose Männer im Vergleich zu 19,1 % bei den Frauen. Schmitt identifizierte zwei Gruppen von Männern, die vermehrt kinderlos sind: erstens Männer ohne Schulabschluss und mit sehr niedrigem Einkommen und zweitens

Männer mit Abitur, aber ohne Studium. Der mit 29,6 % besonders hohe Anteil an kinderlosen unter 45-Jährigen mit Abitur wird in der Studie auf eine starke Berufsorientierung dieser Gruppe zurückgeführt. Demnach werden ‚Durchschnittsverdiener' am ehesten Vater, ab einem Nettojahresgehalt von 20.000 Euro steigt auch die Kinderlosigkeit an. So bleiben etwa ein Viertel der Männer wie der Frauen in der oberen Einkommensklasse (ab 30.000 Euro) dauerhaft kinderlos.

Zusammenfassend bleibt festzuhalten, dass die Thematik Familiengründung bei Männern aufgrund verschiedener Aspekte, wie z.B. späterer Auszug aus dem Elternhaus und eine durchschnittlich 3 Jahre jüngere Partnerin, in der Lebensplanung zeitlich noch weiter aufgeschoben wird als bei Frauen. Zusätzlich zeigt sich ein deutlicher Zusammenhang zwischen Einkommenssituation und Familiengründung. Ein höherer Anteil an Männern als an Frauen gibt an, kinderlos zu sein. In der Kohortenfolge zeigt sich ein immer deutlicherer Aufschub der Familiengründung und eine steigende Prävalenz dauerhafter Kinderlosigkeit. Hinsichtlich des Partnerschaftsstatus zeigt sich, dass unter den Kinderlosen, kurz vor Abschluss der fertilen Phase, etwa zwei Drittel der Männer nicht in einer Partnerschaft leben (Schmidt/Winkelmann 2005).

3. Methodik

Bei der Sächsischen Längsschnittstudie handelt es sich um eine Längsschnittuntersuchung, welche im Jahr 1987 begonnen und seitdem jährlich bis heute durchgeführt wurde. Das 1987 gebildete Panel stellt eine Zufallsauswahl der seinerzeit 14-jährigen SchülerInnen des Jahrganges 1973 aus Schulen der Bezirke Leipzig und Karl-Marx-Stadt (Chemnitz) dar, welche repräsentativ für die damalige Grundgesamtheit der 14-Jährigen in der DDR war. Wie die Berechnungen von Förster (2002; 2007) belegen, ist auch die nach der Wende erfasste Teilpopulation wiederum eine Zufallsauswahl aus der damaligen Gesamtpopulation und kann deshalb ebenfalls als repräsentativ für die genannte Altersgruppe gelten (ausführlicher statistischer Nachweis vgl. Förster 2002; 2007).

Inzwischen liegen die Daten von ca. 400 ProbandInnen zu 21 Erhebungszeitpunkten vor und damit „eine umfangreiche, zusammenhängende Dokumentation über wichtige Etappen des Lebensweges einer identischen Gruppe von jungen Menschen" (Förster et al. 2007, 9), welche auch Rückschlüsse auf den Zeitpunkt der Familiengründung gestatten.

Die Erhebungen fanden in jedem Fall schriftlich statt, in den ersten drei Jahren in den Klassenzimmern der SchülerInnen in Anwesenheit der ForscherInnen. Ab 1990 wurden die Befragungen postalisch versandt.

In die Auswertungen der vorliegenden Arbeit gingen überwiegend die Ergebnisse der Wellen 10 bis 20 (1994 bis 2006) ein, mit einem Schwerpunkt auf den

Wellen 18 und 20 (2004 und 2006), da in diesen Wellen neben den sonstigen Fragen spezielle Fragen zur Familienbildung eingesetzt worden waren.

Die vorliegenden Daten wurden mittels SPSS 12 für Windows bearbeitet und ausgewertet. Die Auswertungen erfolgten sowohl auf deskriptiver als auch auf interferenzstatistischer Ebene. Die Daten wurden auf Fehler kontrolliert und gegebenenfalls bereinigt und dann mittels bivariater und multivariater statistischer Verfahren analysiert.

Bis zum Jahr 2002 wurden, entsprechend dem Hauptanliegen der Studie, überwiegend Fragen zur Auseinandersetzung mit dem aktuellen Gesellschaftssystem gestellt. Durch die Kooperation des Studienleiters P. Förster (Forschungsstelle Sozialanalysen) mit H. Berth (C.G. Carus-Universität Dresden) sowie E. Brähler und Y. Stöbel-Richter (Universität Leipzig) wurde in die Befragungswellen 16–21 jeweils ein Zusatzbogen aufgenommen, der vor allem die Aspekte Arbeitslosigkeit und Familiengründung thematisierte, aber auch Fragen zum gesundheitlichen und psychischen Befinden enthielt. Die 15. Erhebungswelle ging nicht mit in die Auswertungen ein, da diese nur einen sehr kurzen Fragebogen enthielt.

4. Ergebnisse

4.1 Stichprobe
An der 20. Erhebungswelle im Jahr 2006 nahmen 391 Personen teil, davon waren 178 Männer (45,5 %) und 213 Frauen (54,5 %), das Durchschnittsalter der altershomogenen Stichprobe betrug zu diesem Zeitpunkt 33 Jahre. 64,6 % der Teilnehmer haben bereits Kinder, 45,8 % der TeilnehmerInnen sind verheiratet, 48,9 % sind ledig.

4.2 Lebens- und Partnerschaftsformen
In der 20. Welle (2006) wurde zusätzlich zum Familienstand die Frage nach der Art der Beziehung gestellt. Bei der Auswertung dieser Frage zeigte sich, dass von den ledigen Männern 66,3 % (N = 67) und von den ledigen Frauen 70,2 % (N = 59) angeben, in einer festen und sexuell treuen Beziehung zu leben. Die meisten der StudienteilnehmerInnen leben in einer eher konventionellen Beziehung mit einem festen Partner in einer sexuell treuen Beziehung (81,2 %). Interessant ist aber auch, dass ca. 10 % der StudienteilnehmerInnen keine/n feste/n Partner/in und auch keine sexuellen Beziehungen haben. Männer und Frauen unterscheiden sich nicht in der Art der Beziehung (χ^2 = 4,879; df = 4; p = ,300), aber im Familienstand. In der Stichprobe sind signifikant mehr Frauen als Männer verheiratet und weniger Frauen als Männer ledig (χ^2 = 17,438; df = 4; p = ,002). Männer und Frauen unterscheiden sich ebenfalls signifikant in der

Partnerschaftsdauer: Frauen geben im Jahr 2006 eine durchschnittliche Dauer von 10,6; Männer von 8,18 Jahren an (t-Test; T = -3,96; df = 297; p ≤ ,001).

Geschlechtsunterschiede zeigen sich noch deutlicher, wenn man die Entwicklung des Familienstandes im Altersverlauf bei Männern und Frauen betrachtet: Frauen heiraten zeitiger, sind aber auch eher und häufiger wieder geschieden. Der leichte Wiederanstieg bei den ledigen Frauen zwischen dem 29. und dem 32. Lebensjahr kann zum einen mit der leicht differierenden Gesamtgruppe, zum anderen mit möglichen Trennungen vorher nicht verheirateter Frauen zusammenhängen. In der folgenden Abbildung ist die Entwicklung beispielhaft durch die Auswahl einiger Jahre zwischen 1998 bis 2005 aufgeführt.

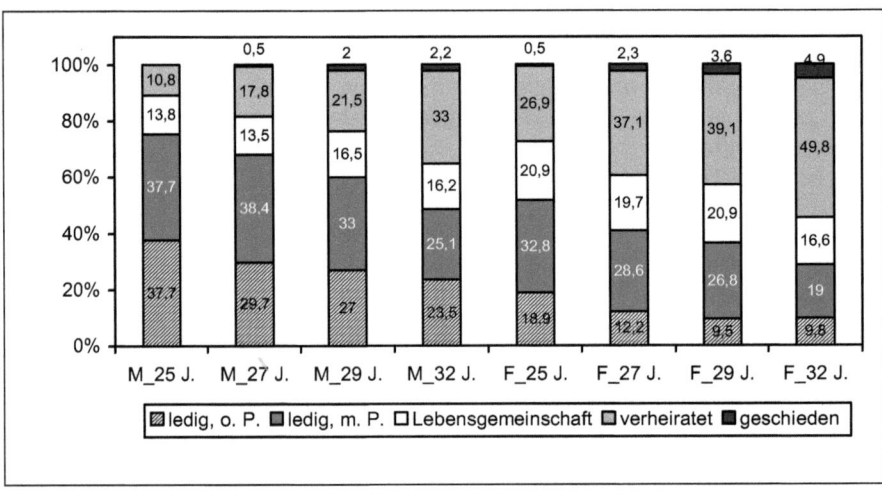

m. P. = mit fester Partnerbindung / o. P. = ohne feste Partnerbindung / M = Männer / F = Frauen

Abb. 1: Entwicklung des Familienstandes zwischen 25 und 32 Jahren (Angaben in Prozent)

Betrachtet man den Auszug aus dem Elternhaus zwischen 1992 (20 Jahre) und 2003 (30 Jahre), so zeigen sich große Unterschiede zwischen den Geschlechtern: Die jungen Männer verbleiben viel länger im ‚Hotel Mama'; während bei den Frauen schon 50,4 % mit 20 Jahren ihre eigenen Wege gehen, sind dies bei den Männern zu diesem Zeitpunkt lediglich 22,4 %. Erst im Alter von 27 Jahren haben sich die Zahlen beider Geschlechtergruppen fast angenähert, aber auch mit 30 Jahren gibt es bei den Männern noch 8,3 %, die im Elternhaus wohnen.

4.3 Aktueller Kinderwunsch

Trotz gesellschaftlicher Umbrüche und Geburtenrückgangs ist Familiengründung und Kindererziehung nach wie vor ein sehr bedeutsames und über die Dauer der Zeit auch ein relativ stabiles Lebensziel, welches im Verlauf des Lebens an Bedeutung zunimmt. Dennoch hat nur ein Teil der Befragten zurzeit einen aktuellen Kinderwunsch („Wie stark wünschen Sie sich im Moment ein Kind?" Antwortmodell: 1 = gar nicht bis 5 = sehr stark): 21,8 % geben einen starken bzw. sehr starken Kinderwunsch an, 17,1 % sind ambivalent („Etwas"), 61,1 % wünschen sich derzeit kaum oder gar kein Kind. Dabei ist der Kinderwunsch bei Männern (2,35) höher als bei Frauen (2,27).

4.4 Ideale Kinderzahl

Betrachtet man die Entwicklung der idealen Kinderzahl im Längsschnitt, so erweist sich diese als erstaunlich stabile Größe, bezogen auf ein und zwei Kinder. Die Zahl derjenigen, die ein Leben ohne Kinder als ideal angeben, ist leicht gesunken: 9,9 % im Jahr 1995 (22,5 Jahre) auf 9,3 % im Jahr 2006 (33 Jahre). Im Gegensatz dazu ist die Zahl derjenigen, die drei und mehr Kinder als ideal angeben, leicht gestiegen: von 8,9 % im Jahr 1995 auf 12,3 % im Jahr 2006. Ca. ein Drittel gibt ein Kind als Ideal an (30,4 % im Jahr 1995; 26,8 % im Jahr 2006), etwas mehr als die Hälfte zwei Kinder (51 % im Jahr 1995; 51,6 % im Jahr 2006).

Vergleicht man Männer und Frauen getrennt voneinander, so wird deutlich, dass die ideale Kinderzahl der Männer stabiler ist als diejenige der Frauen und dass bei den Frauen ab 31 Jahren die ideale Kinderzahl ansteigt (vgl. Tabelle 2). Dieser Trend setzt sich in den folgenden Jahren fort, ob er als Alterseffekt interpretiert werden kann, ist jedoch noch abzuwarten.

Tab. 2:   Ideale Kinderzahlen bei Männern und Frauen zwischen 1995 und 2006

	1995	1996	1998	2000	2002	2003	2004	2005	2006
Alter in Jahren	22	23	25	27	29	30	31	32	33
Welle	11	12	13	14	16	17	18	19	20
Männer	1,59	1,74	1,68	1,64	1,66	1,66	1,64	1,55*	1,57*
Frauen	1,62	1,68	1,66	1,65	1,60	1,66	1,71	1,76*	1,79*

*p < ,05, Signifikanz zwischen den beiden Teilgruppen

4.5 Realisierte Kinderzahl

Seit dem 19. Lebensjahr wurden die Befragten nach bereits vorhandenen Kindern gefragt und danach, wie viele Kinder sie einmal haben möchten. Im Alter von 33 Jahren sind 64,6 % der Befragten Eltern. Der überwiegende Teil hat ein Kind (34,7 %), 26,2 % haben zwei Kinder und lediglich 3,7 % haben drei oder vier Kinder. 35,4 % haben kein Kind.

Betrachtet man Männer und Frauen getrennt voneinander, so zeigen sich folgende Tendenzen: Männer werden signifikant später Eltern als Frauen und haben weniger Kinder; im Alter von 25 Jahren haben bereits 16,1 % der Frauen, aber nur 5,4 % der Männer ein oder zwei Kinder. Im Alter von 33 Jahren sind immerhin noch 45,3 % der Männer und 27,4 % der Frauen kinderlos, 34,7 % der Männer und 34,6 % der Frauen haben ein Kind, zwei Kinder haben 17,1 % der Männer und 33,7 % der Frauen und lediglich 3 % der Männer und 4,3 % der Frauen haben drei oder vier Kinder. Die Unterschiede zwischen den Geschlechtern sind signifikant (Pearsons $\chi^2 = 20{,}246$; df = 4; p ≤ ,001).

Die folgende Abbildung 2 zeigt die Entwicklung der Kinderzahlen bei Männern und Frauen getrennt.

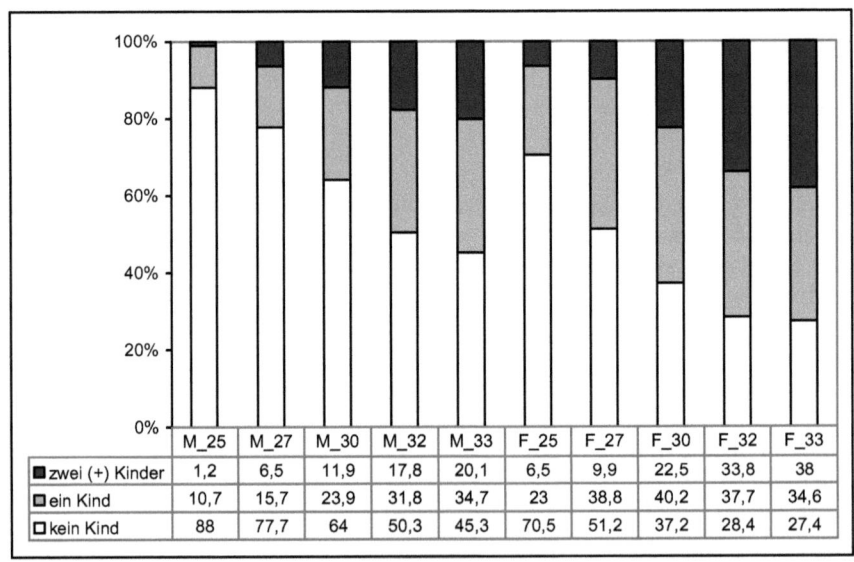

M = Männer / F = Frauen

Abb. 2: Kinderzahlen zwischen 1998 und 2006 für Männer und Frauen getrennt (Angaben in Prozent, jede Teilgruppe für sich jeweils 100 %)

5. Diskussion

Die Ergebnisse zeigen, dass Familie einen hohen Stellenwert bei den Befragten hat. 80 % der Befragten leben in einer Beziehung, wobei Frauen sich zeitiger binden als Männer. Dies kann auch daran liegen, dass die jungen Männer viel später aus dem elterlichen Haushalt ausziehen. Zwei Drittel der Befragten haben im Alter von 33 Jahren Kinder, dabei überwiegt allerdings die Ein-Kind-Familie. Frauen haben signifikant zeitiger und mehr Kinder als Männer; diese entscheiden sich nicht nur später für die Elternschaft (im Mittel mit 27 Jahren), sondern sind auch häufiger (noch) kinderlos. Ein möglicher Grund hierfür kann darin bestehen, dass Männer in der Regel mit durchschnittlich 3 Jahre jüngeren Frauen zusammenleben und damit das Thema Elternschaft für sie bis dato eine andere Priorität besessen hat. Inzwischen ist der aktuelle Kinderwunsch aber höher als bei den Frauen: im Jahr 2006 gaben 24 % der Männer und 19,8 % der Frauen einen starken Kinderwunsch an. Dementsprechend ist auch einem größeren Teil der Männer die Vermeidung einer Schwangerschaft nicht wichtig und 20,4 % der Männer halten eine Schwangerschaft der Partnerin in den nächsten zwei Jahren für wahrscheinlich.

Der Wunsch nach einem Kind – gemessen an der idealen Kinderzahl – erweist sich bei denjenigen, die sich ein oder zwei Kinder wünschen, als erstaunlich stabile Größe. Prinzipiell zeigen sich in der idealen Kinderzahl der Männer zwischen dem 22. und 33. Lebensjahr weniger Schwankungen als bei den Frauen. Verglichen mit den Ergebnissen der Population Policy Acceptance Study (PPAS; Dorbritz et al. 2005) allerdings geben die Männer der SLS eine deutlich höhere ideale Kinderzahl als die ostdeutschen Männer der PPAS an.

Weitere, nicht ausgeführte Ergebnisse zeigen, dass bei den Männern mit zunehmendem Alter die Wichtigkeit der Ziele „eigene Kinder groß ziehen" und „eine glückliche Partnerschaft führen" zunimmt, was auf eine wachsende Familienorientierung schließen lässt. Die Männer der Studie sind überwiegend vereinbarkeitsorientiert, d.h. sie finden sowohl die beruflichen als auch die familiären Aspekte im Leben wichtig.

Generell erfolgt bei vielen StudienteilnehmerInnen – Männern und Frauen – ein Aufschub der ersten Elternschaft, und ein Teil der heutigen (potentiellen) Elterngeneration wird kinderlos bleiben, was ja in der DDR eher untypisch war.

Literatur

Adler, M.A.: German Unification as a Turning Point in East German Women's Life Course: Biographical Changes in Work and Family Roles. In: Sex Roles 47(2002), S. 83-97.

Adler, M.A.: Continuity and change in familial Relationships in East Germany since 1990. In: Robila, M. (Hg.): Families in Eastern Europe. Vol. 5 (Contemporary Perspectives in Family Research). New York 2004b, S. 15-29.

Berth, H./Förster, P./Brähler, E./Stöbel-Richter, Y.: Arbeitslosigkeit und Arbeitsplatzunsicherheit. In: Berth, H./Förster, P./Brähler, E./Stöbel-Richter, Y. (Hg.): Einheitslust und Einheitsfrust. Gießen 2007, S. 107-142.

Dorbritz, J.: Der Wandel in den generativen Entscheidungen in Ostdeutschland – ein generationenspezifischer Prozeß? In: Häder, M./Häder, S. (Hg.): Sozialer Wandel in Ostdeutschland. Opladen 1998, S. 123-155.

Dorbritz, J./Lengerer, A./Ruckdeschel, K.: Einstellungen zu demographischen Trends und zu bevölkerungsrelevanten Politiken. Ergebnisse der Population Policy Acceptance Study in Deutschland. Wiesbaden 2005.

Dorbritz, J./Ruckdeschel, K.: Die langsame Annäherung – Demographisch relevante Einstellungsunterschiede und der Wandel in den Lebensformen in West- und Ostdeutschland. Vortragsmanuskript. 2007.

Eckard, J./Klein, T.: Kinderwunsch, Kinderzahl und Kinderlosigkeit von Männern. Projektbericht, unveröffentlicht. 2004.

Eckard, J./Klein, T.: Männer, Kinderwunsch und generatives Verhalten. Schriften des DJI: Familiensurvey Bd. 13. München 2006.

Ettrich, K.U.: Familie und Elternschaft in den neuen Bundesländern. In: Nickel, H. (Hg.): Junge Eltern im kulturellen Wandel. Weinheim 2001, S. 49-59.

Förster, P.: Junge Ostdeutsche auf der Suche nach Freiheit. Opladen 2002.

Förster, P.: Zur Sächsischen Längsschnittstudie und zur Untersuchungspopulation. In: Berth, H./Förster, P./Brähler, E./Stöbel-Richter, Y. (Hg.): Einheitslust und Einheitsfrust. Gießen 2007, S. 15-24.

Helfferich, C./Klindworth, H./Wunderlich, H.: männer leben. Eine Studie zu Lebensverläufen und Familienplanung im Auftrag der BZgA. Köln 2005.

Menning, S.: Geburten- und Heiratsverzicht in den neuen Ländern – Abschied von der Familie? In: Sydow, H./Schlegel, U./Helmke, A. (Hg.): Chancen und Risiken im Lebenslauf: Beiträge zum gesellschaftlichen Wandel in Ostdeutschland. Berlin 1995, S. 137-150.

Neuke, E.: Weibliche Wertvorstellungen – zwischen Schein und Sein. In: Bütow, B./Stecker, H. (Hg.): EigenArtige Ostfrauen. Bielefeld 1994, S. 143-149.

Scheller, G.: Partner- und Eltern-Kind-Beziehung in der DDR und nach der Wende. In: Aus Politik und Zeitgeschichte. Beilage zur Wochenzeitung Das Parlament 19(2004), S. 33-38.

Schlegel, U.: Geschlechter- und Frauenforschung. In: Förster, P./Friedrich, W./Starke, K. (Hg.): Das Zentralinstitut für Jugendforschung Leipzig 1966-1990. Geschichte, Methoden, Erkenntnisse. Berlin 2002, S. 373-429.

Schmitt, C.: Kinderlose Männer in Deutschland – Eine sozialstrukturelle Bestimmung auf der Basis des Sozioökonomischen Panels (SOEP). Berlin 2004.

Schmitt, C./Winkelmann, U.: Wer bleibt kinderlos? Was sozialstrukturelle Daten über Kinderlosigkeit bei Frauen und Männern verraten. In: Feministische Studien 23(2005), S. 9-23.

Stöbel-Richter, Y.: Fertilität und Partnerschaft – Familienbildungsprozesse im Lebensverlauf. Habilitationsschrift eingereicht an der Medizinischen Fakultät der Universität Leipzig. 2007.

Wendt, H.: Familienbildung und Familienpolitik in der ehemaligen DDR. Sonderheft 22. Wiesbaden 1993.

Männer und Hausarbeit – Wider die Natur?
Eine kritische Auseinandersetzung mit aktuellen Tendenzen im Diskurs über Geschlechter

Kurt Mühler

1. Einleitung – Zum gegenwärtigen Diskurs über Männlichkeit

Das Nachdenken über die Unterschiedlichkeit von Mann und Frau ist wahrscheinlich so alt wie die Menschheit selbst. Dies ist nicht nur auf das Alltagsbewusstsein beschränkt. In Religion und Kunst sind die Unterschiede von Mann und Frau ebenfalls seit jeher ein Basisthema. Auch die Wissenschaft befasst sich mit den vermeintlich wesensbedingten Unterschieden zwischen den Geschlechtern. Hier sind die Ursprünge geisteswissenschaftlicher Art und entspringen der Philosophie – man denke nur an die Begründung von Aristoteles zur Minderwertigkeit von Frauen und Sklaven (Aristoteles 1245b).

Noch heute beschäftigt uns die Frage, ob es typisch männliches und typisch weibliches Verhalten gibt. Doch wie kann man die Vermutung, es gäbe ein solch typisches Verhalten überhaupt wissenschaftlich begründen? Nicht selten kommen dabei Annahmen über die Natur des Menschen ins Spiel und es gerät in den Hintergrund, dass man nicht ohne Weiteres etwas über die Natur des gesellschaftlich geprägten Menschen herausfinden kann, ohne spekulative Vorannahmen zu treffen.

Gegenwärtig kann man im öffentlichen Diskurs über die Geschlechter eine recht merkwürdige Konstellation beobachten. Einerseits lässt sich eine Renaissance simpler biologischer Grundideen über das menschliche Sozialverhalten beobachten. Während in wissenschaftlichen Arbeiten manche Autoren in diesem Zusammenhang bereits von einer Widerlegung der Sozialisationstheorien sprechen (z.B. Wilson 1980; Rowe 1997), entsteht in der Publizistik eine Neoromantik der Jäger- und Sammlergesellschaften (Morris 1995). In der Belletristik schließlich wird z.B. über geschlechtsspezifische Fähigkeiten zum Einparken von Pkw fabuliert (Pease 2000). Gern gibt man sich dabei wissenschaftlich, indem populär transformierte neueste Erkenntnisse aus verschiedenen Forschungen beigemischt werden. Dabei entstehen nicht selten merkwürdige Vereinfachungen über das Wirken von Genen sowie empirisch nicht prüfbare Rationalisierungen über jagende Männer und sammelnde Frauen.

Im öffentlichen Diskurs ist die Befürwortung einer natürlichen Dichotomie der Geschlechter sehr auffällig geworden. Das Bühnenstück *Caveman* z.B. zieht seit Jahren ein Massenpublikum an, welches sich an der suggerierten Wiederentdeckung eigener Beobachtungen über die Höhlenmänner amüsiert. Man kann im Grunde von der Entstehung einer öffentlichen Präferenz sprechen, welche darauf basiert, dass die Idealtypen von Mann und Frau tatsächlich existieren und sich diesen beiden Geschlechtern eindeutige Eigenschaften und Verhaltensweisen zuordnen lassen.

Andererseits gibt es neben dem beschriebenen öffentlichen Diskurs den Trend, beide Geschlechter hinsichtlich ihrer Lebenschancen gleichzustellen. Dafür entstehen umfangreiche politische Bemühungen. Dazu zählt z.B. in der Erwerbsarbeit Bedingungen zu schaffen, sodass Frauen mehr Entwicklungsmöglichkeiten bzgl. ihrer beruflichen Karriere erhalten. Ebenso soll es Männern ermöglicht werden, sich an der Familienarbeit und insbesondere der Kleinkindbetreuung zu beteiligen. Berufsarbeit und Familienarbeit sind die beiden traditionellen Geschlechterdomänen, welche ihren normativen Charakter verlieren sollen. Die eingangs erwähnte Merkwürdigkeit besteht nun darin, dass die politischen Intentionen nicht nur jahrtausendealten Geschlechterkonventionen und letztlich der Auffassung zuwiderlaufen, es gäbe eine soziale Natur des Menschen, sondern auch noch einer neu entstehenden Akzeptanz geschlechtsspezifischer Arbeitsteilung zwischen Beruf und Familie. Politisch wird also versucht, etwas in Gang zu bringen, das gegen die Alltagsüberzeugung einer Vielzahl derjenigen spricht, die es umsetzen sollen.

Im Folgenden wird es um Effekte materieller Restriktionen und sozialer Normen gehen, unter deren Einfluss das Sozialverhalten steht. Diese Perspektive ist von Bedeutung, wenn zu beantworten ist, ob man entweder von einem feststehenden geschlechtsspezifischen Sozialverhalten ausgehen sollte, welches einer natürlichen Grundlage entspringt, oder ob bestehende Restriktionen und Normen einen nachhaltigen Einfluss auf das Verhalten ausüben. Mit letzterem verbindet sich die Vorstellung von der Flexibilität und Gestaltbarkeit des Sozialverhaltens.

2. Fragestellung

Mit diesem Beitrag werden die Bemühungen um Chancengleichheit zwischen den Geschlechtern zum Anlass genommen, um zu fragen: Lassen sich Bedingungen nachweisen, von denen der Umfang der Familienarbeit von Männern abhängt? Denn wenn es eine egalitäre Angleichung der Lebens- und Selbstverwirklichungschancen zwischen den Geschlechtern geben soll, dann hängt dies nicht nur von den Verhaltensänderungen der Frauen ab, indem sie den traditionellen Bereich der Mutterschaft für den Vater öffnen, sondern auch in einem nicht unbeträchtlichem Maße von einer Änderung des Verhaltens von Männern. Deren Beteiligung an der Hausarbeit und Kinderbetreuung sowie die Verständigung um die Berufskarrieren zwischen den Partnern verlangt eine klare Abkehr der Aufteilung der Geschlechterwelt in ‚draußen' und ‚drinnen'.

Zunächst wird eine Auswahl klassischer Annahmen gegenwärtig rezipierter Soziobiologen erörtert und hinsichtlich ihrer impliziten Grundannahmen analysiert. Im nächsten Schritt werden aus einschlägigen sozialwissenschaftlichen Theorien Hypothesen abgeleitet und anhand von Daten einer eigenen Untersuchung geprüft.

3. Bemerkungen zur theoretischen Konstruktion einer Natur der Geschlechter

Die wissenschaftlichen Kronzeugen für eine naturbedingte Differenz im Sozialverhalten der Geschlechter kommen vor allem aus der Soziobiologie bzw. Ethologie. Diese Disziplinen haben Tiergesellschaften zum Gegenstand und in den vergangenen beiden Jahrzehnten bemerkenswerte Erkenntnisse gewonnen. Eine kleine Zahl von Vertretern dieser Disziplinen (Morris 1976; Wilson 1978; Wilson 1980; Dawkins 1994; Voland 2007) sind allerdings der Auffassung, dass auch Erklärungen menschlichen Verhaltens und sozialer Ordnung auf der gleichen Grundlage erfolgen können. Was spricht gegen eine biologische Dominanz bei der Erklärung menschlichen Sozialverhaltens? Biologische Verhaltenstheorien richten sich auf einen spezifischen Ausschnitt des Verhaltens, der aus der Beschäftigung mit Tiergesellschaften hervorgeht, nämlich: Inzesttabu, Hypergamie, Altruismus, geschlechtliche Arbeitsteilung bei der Aufzucht von Nachkommen und Xenophobie. Dies sind ausschließlich Verhaltensbereiche der Reproduktion. Will man aber den Menschen nicht auf einen ‚Replikationsdeppen' reduzieren, dann muss man dem Umstand Rechnung tragen, dass mit biologischen Erkenntnissen nur ein partieller Beitrag zur Erklärung des Gesamtspektrums menschlichen Sozialverhaltens geleistet werden kann. Dies ist umso bedeutsamer, als in Folge des sozialen Wandels moderner Gesellschaften eine Verbesserung der generellen sozialen Bedingungen eintritt. Diese führen infolge der Erhöhung individueller Entwicklungschancen, der Rechtsgleichheit und der Säkularisierung in der Weltanschauung vieler Menschen dazu, dass die Opportunitätskosten für Kinder steigen. Nicht nur, dass Menschen die Möglichkeit haben, ihr Tun zu reflektieren, sie haben auch die Fähigkeit, zwischen Handlungsalternativen zu entscheiden. Reproduktion wird im Lebenslauf also nicht nur planbar, sondern auch substituierbar. Die demographische Entwicklung westlicher Gesellschaften zeigt dies recht deutlich. Genau diese Fähigkeit zur Selbstbestimmung wird von manchen Vertretern soziobiologischer Theorien aber bestritten oder einfach außer Acht gelassen. Stattdessen wird mit Konstruktionen argumentiert, die als bewiesen angesehen werden. Zwei Beispiele sollen die ins Publizistische gewendete Denkweise verdeutlichen: Für den Philosophen Sloterdijk z.B. ist der Mann ohne Zweifel ein Jäger. Sein bedauernswertes Schicksal bestehe darin, dass seit einigen Tausend Jahren die männlichen Menschen eine Antwort auf die Frage suchten, was man mit Jägern macht, die keiner mehr braucht. Seit 7.000 Jahren, also ab dem Beginn des Ackerbaus, stellt Sloterdijk fest, sind die Jäger einem enormen Sedierungsprogramm unterworfen. Dies erkläre auch die gegenwärtig beobachtbare Affinität der Männer zum Fußball. Denn hier können sie noch ihrer Natur entsprechen, also (dem Ball hinterher-) jagen. Frauen dagegen seien kapitalismuskompatibel. Sie seien es gewohnt (in großen Taschen) zu sammeln, was sie finden (modern: shoppen) und ihre Beute nach Hause zu tragen (Kurbjuweit/Gorris 2006).

Es gibt inzwischen eine Vielzahl solcher ad hoc rationalisierter Erzählungen. In einem anderen Beispiel werden aus bivariaten Zusammenhängen grundlegende Folgerungen für die Natur der Geschlechter abgeleitet bzw. als deren Beweis herangezogen. Neumann, ein Verhaltensbiologe, fand z.B. bei der Analyse von Heiratsannoncen der letzten 100 Jahre heraus: reiche Männer suchen schöne Frauen. Der Grund: Schönheit symbolisiere seit jeher Fruchtbarkeit und Reichtum, jene Ressourcen, die für eine erfolgreiche Replikation und Aufzucht erforderlich sind. Das seien die bestimmenden natürlichen Momente der Partnerwahl, an denen die soziale Entwicklung nichts verändert habe (Neumann 2001).

Es gibt heute zahlreiche empirische Untersuchungen, in denen jeweils ein Merkmal in einen besonderen Zusammenhang zum biologischen Geschlecht gebracht wird. Das reicht von der geschlechtsbezogenen Wahl zwischen Musikinstrumenten, über Präferenzen bei der Pornographierezeption bis hin zu Bewältigungsstrategien von Konflikten. Ein Problem solcher empirischer Untersuchungen besteht darin, dass das Merkmal „männlich" nicht geprüft wird. Es wird mit der vereinfachenden, weil varianzlosen Annahme gearbeitet, dass Männer eben Männer sind, so wie Frauen eben Frauen. Des Weiteren werden in zahlreichen Untersuchungen dieser Art aus jeglichen empirisch feststellbaren Differenzen zwischen den Geschlechtern bivariate Zusammenhänge konstruiert. Aus diesen wiederum generiert man typische männliche oder weibliche Merkmale, über die kaum berichtet wird, ob sie einer Drittvariablenkontrolle unterzogen wurden. Komplexe Zusammenhänge werden meist völlig gemieden.

Im Folgenden soll auf die impliziten theoretischen Annahmen eines solchen Vorgehens skizzenhaft eingegangen werden:

Woher stammt das Wissen über eine als natürlich angesehene Beschaffenheit menschlichen Verhaltens?
- Als eine Quelle wird die dem Menschen verwandte Art der Schimpansen angesehen. Sie gelten als empirisch beobachtbarer Beleg für einen vor-

menschlichen Zustand und damit deren Zusammenleben als natürliche Voraussetzung oder Urgrund menschlicher Entwicklung. Morris liefert ein klassisches Beispiel für eine solche Projektion von der Tierwelt auf den Menschen-Zoo Gesellschaft (1976; 1995). Auch wenn neuere Vorgehensweisen nicht derart simpel sind, bleibt auch bei diesen bedeutungslos, dass es sich bei Schimpansen nicht um Vorfahren des Menschen handelt. Unsere gemeinsamen Vorfahren sind vor geraumer Zeit ausgestorben. Es können also höchstens einzelne Elemente der sozialen Organisation von Schimpansengesellschaften von diesen gemeinsamen Vorfahren abstammen. Welche das sind, kann man aber infolge fehlender empirischer Präsenz nicht entscheiden. Eingeschränkt wird dies zudem dadurch, dass es eine zweite verwandte Art, die Bonobos, gibt. Deren soziale Organisation weist aber sehr deutliche Unterschiede zu jener der Schimpansen auf. Merkwürdigerweise ist von dieser Art aber recht selten die Rede. Es gibt also keine noch lebenden natürlichen Vorfahren des Menschen. Die beiden lebenden Affenarten, die dem Menschen am nahesten kommen, weisen zudem verschiedene Formen ihres sozialen Zusammenlebens auf, sodass eindeutige Schlussfolgerungen auf natürliche Grundlagen menschlichen Sozialverhaltens daraus nicht gezogen werden können.
- Eine andere Quelle ist die ad hoc Rationalisierung des Sozialverhaltens der Geschlechter aufgrund archäologischer Funde von Jäger- und Sammlergesellschaften. Diese Gesellschaften werden als natürlich-sozialer Ursprung der heutigen Menschheit angesehen. Damit gerät deren Arbeitsteilung zwischen den Geschlechtern zu einem Kriterium für eine natürliche (artgerechte) Lebensweise des Menschen schlechthin. Oft wird dabei vergessen, dass es sich bei Aussagen über eine solche Gesellschaft um hypothetische Konstrukte handelt. Es sind mehr oder weniger spekulative ad hoc Annahmen. So ist gegenwärtig z.B. umstritten, ob unsere Vorfahren überhaupt Jäger waren und nicht stattdessen Aasfresser. Das Jäger- und Sammlerkonstrukt entspringt einer in der Archäologie sehr verbreiteten Theorie, dem (klassischen) Funktionalismus (Petzold 2007). Die funktionalistische Rekonstruktion von Gesellschaft weist eine Reihe von Unzulänglichkeiten auf, sodass sie in modernen Sozialwissenschaften kaum noch bzw. nur in sehr modifizierter Weise zur Anwendung kommt[1]. Für Erzählungen über Jäger und Sammler(innen) scheint diese theoretische Grundlage aber nach wie vor sehr geeignet.

Worauf basiert die Annahme, dass der, wie auch immer geartete, Ursprung des Menschen für sein heutiges Sozialverhalten überhaupt von Bedeutung sei?
- Mit großer Selbstverständlichkeit hält sich die Hypothese eines sehr niedrigen Tempos der Evolution, von der Darwin ausging. Es wird ange-

---

1 Zur grundsätzlichen Kritik am klassischen Funktionalismus siehe Merton, 1974.

nommen, dass kulturelle Bedingungen erstens einen sehr langen Zeitraum benötigen, um in das genetische Erbe eingehen zu können, und zweitens sehr lange stabil sein müssen. Solche Vorbedingungen weisen in Bezug auf den Menschen konkurrenzlos nur die hypothetischen Jäger- und Sammlergesellschaften auf. Von ihnen wird angenommen, dass sie die früheste Gesellschaftsform mit den am längsten geltenden kulturellen Grundbedingungen gewesen ist. Inzwischen gibt es Forschungen, die zu der Annahme berechtigen, von einem deutlich höheren Tempo der Evolution auszugehen[2]. Dazu hat insbesondere das tiefere Verständnis über Aktivierungsmechanismen von Genen beigetragen[3]. Bestätigen sich die Annahmen einer raschen Evolution in Abhängigkeit vom Tempo des Wandels von Restriktionen, dann müsste von einem deutlich revidierten Bild der menschlichen Evolution ausgegangen werden, in welcher die kulturellen Bedingungen bzw. die ihnen entsprechenden erfolgreichen Verhaltensweisen von erheblicher Bedeutung wären. Das verweist Konstruktionen von Jäger- und Sammlergesellschaften nicht nur auf einen marginalen Status, sondern begünstigt anspruchsvollere Theorien zur Koevolution von Biologie und Kultur. Mit ihnen kann begründet werden, dass die Evolution des Menschen nach wie vor anhält, kulturelle Bedingungen einen wachsenden Einfluss erhalten und die Gestaltungsfähigkeit des Menschen an Bedeutung gewinnt (vgl. z.B. Vanberg 2000).

Was bedeutet „natürlich"?
- Schließlich wird mit einem weiteren Konstrukt gearbeitet, das wie selbstverständlich erscheint: das natürliche Geschlecht. Der Mann und die Frau werden als zwei qualitativ verschiedene Vertreter der Art angesehen. Methodologisch ist ein solches Vorgehen nicht unüblich. Max Weber nannte dies Idealtypenbildung. Etwas anderes aber ist es, wenn man behauptet, dass solche Konstrukte empirisch existieren. In Bezug auf das Geschlecht stellt sich vielmehr das Bild eines Kontinuums ein, in dessen Umschlagpunkt Intersexualität steht (im Altertum als Hermaphroditen bezeichnet). In nahezu jedem Mann steckt sowohl *biologisch* als auch *sozial*[4]

---

2 Zu einem sich gerade herausbildenden neuen Verständnis der Evolution und ihres Tempos haben u.a. Arbeiten von Carl Woese, Peter und Rosemary Grant, Matt Ridley beigetragen. Letzterer labelt provokant: Evolution in Echtzeit.
3 Hier kann nicht näher auf die Missverständnisse eingegangen werden, welche z.B. daraus entstehen, dass einzelne Gene ein bestimmtes Verhalten hervorrufen würden oder Genen eine deterministische Wirkungskraft unterstellt wird. Im Grenzbereich von Populärwissenschaft, Publizistik und öffentlicher Meinung hat sich in Bezug auf Gene geradezu eine Art mystischer Glaube entwickelt, in den exakte naturwissenschaftliche Ergebnisse kaum Eingang finden. In modernen Theorien wird deshalb nicht von Genen wie von Subjekten gesprochen, sondern von Aktivierungsmechanismen der Gene.
4 Bezogen auf das geschlechtliche Autostereotyp.

in unterschiedlichem Maße etwas Weibliches und in nahezu jeder Frau etwas Männliches. Für einen kleinen Teil von Menschen ist es sogar nicht entscheidbar, ob sie dem männlichen oder weiblichen Geschlecht angehören. Die grundsätzliche Verschiedenheit zwischen Mann und Frau bezeichnet lediglich mögliche Tendenzen. Man kann mit einem solchen Konstrukt die Frage beantworten, wie idealerweise ein Mann oder eine Frau biologisch beschaffen sein müsste.

Zusammenfassend kann Folgendes festgehalten werden: Replikationsverhalten lässt sich mit soziobiologischen Annahmen erklären. Das menschliche Verhaltensspektrum ist aber deutlich umfassender und unterliegt zudem zunehmender Reflexionsfähigkeit und Entscheidung. Statt hypothetische Konstrukte über eine mögliche Archaik als natürliche Legitimationsgrundlage für die Bewertung heutigen Sozialverhaltens anzusehen, ist es sinnvoller, theoretische Modelle der Koevolution von Biologie und Kultur zu entwerfen, welche kulturelle Effekte auf die Biologie des Menschen zu simulieren ermöglichen.

4. Sozialwissenschaftliche Theorien und Hypothesen

Zwei Aspekte sind eingangs genannt worden, von denen man Effekte auf das Sozialverhalten erwarten kann: materielle Restriktionen bzw. Ressourcen und soziale Normen bzw. deren Internalisierung. Als Sozialverhalten von Männern wird hier ihre Beteiligung an familialer Hausarbeit, Betreuung von Kleinkindern und die Bereitschaft, zugunsten der Partnerin die Berufskarriere zurückzustellen, verstanden.

Die Orientierungsannahme ist folgende: Die Fähigkeiten des Menschen, sich Ziele zu setzen, Entscheidungen zu treffen und mit Restriktionen und Ressourcen effektiv umzugehen, sprechen dafür, dass in den kulturellen und sozialen Bedingungen bessere Prädiktoren für das Sozialverhalten zu finden sind, als im zugeschriebenen biologischen Geschlecht. Als Prüfkriterium dafür lässt sich generell formulieren, dass, wenn sich empirisch Bedingungen mit messbaren Effekten auf das hier interessierende Sozialverhalten beobachten lassen, dies gegen eine Annahme biologisch determinierter Invarianz spricht. Ist eine beobachtbare Varianz jedoch zufällig, also fehlen systematische Bedingungen zu deren Erklärung, dann wäre dies ein Hinweis für ein biologisch determiniertes Sozialverhalten, das lediglich hin und wieder unterdrückt wird.

Die Ressourcentheorie
Es gibt zahlreiche Varianten der Ressourcentheorie. Dem theoretischen Kern nach sind sie jedoch ähnlich: Differenzen entstehen hauptsächlich hinsichtlich der Art der angenommenen Ressourcen. Hier geht es jedoch nur um die Grund-

aussage dieser Theorien. Die Begründer dieser Richtung, Blood und Wolfe, bezogen sich faktisch auf sozio-ökonomische Ressourcen, obwohl sie zunächst alle Ressourcen gelten lassen, mit denen man persönliche Ziele durchsetzen kann (1960). Damit sollen zwei familiale Sachverhalte erklärt werden: Entscheidungsmacht und Arbeitsteilung im Haushalt. Die Kritiklinien sind vielfältig. Sie haben zu einer Reihe von Modifikationen dieser Theorie geführt (z.B. Heer 1963; Held 1978; McDonald 1981). In diesen Theorien werden sehr verschiedene Ressourcen angenommen, z.B. emotionale Unabhängigkeit, geringeres Interesse an der Partnerschaft, soziales Kapital. Die Grundannahme besteht darin, dass je höher die individuell verfügbaren Ressourcen eines der Partner sind, desto mehr Entscheidungskompetenz fällt ihm zu und desto mehr bestimmt er die geltende Arbeitsteilung im Haushalt. In der Ressourcentheorie wird Arbeit im Haushalt mehr oder weniger als reiner Kostenfaktor betrachtet. Demnach gilt es, sich möglichst von ihr fernzuhalten. Dies gelingt, dem theoretischen Grundverständnis nach, umso besser, je höher die verfügbaren individuellen Ressourcen sind.

Hypothese 1:
Je höher das berufliche Einkommen ist, desto geringer ist die Beteiligung an der Hausarbeit sowie der Betreuung von Kleinkindern und desto geringer ist die Bereitschaft, die eigenen Ansprüche an die berufliche Karriere zu reduzieren.

Die ökonomische Familientheorie
Der Vorhersage der familialen Arbeitsteilung liegt eine klare Struktur zugrunde: Der Umfang der Beteiligung an der Hausarbeit verhält sich umgekehrt zur erzielbaren Höhe des Einkommens auf dem Arbeitsmarkt. Anders als in der Ressourcentheorie stehen hier die Partner nicht in Konkurrenz zueinander. Die Begründung dafür geht aus der Ursache hervor, warum Menschen heiraten. Becker verzichtet auf romantische Unwägbarkeiten und definiert in ökonomischer Klarheit das Heiratskriterium: Wenn für beide Partner gilt, dass die Produktion von Ehegewinn höher ist, als die Nutzenproduktion im Singledasein, dann heiraten Menschen. Zur Erzielung von Ehegewinn ist nicht nur Einkommen erforderlich, sondern Bestandteil des Ehegewinns sind Commodities. Dies sind keine Marktgüter, man kann sie also nicht kaufen, sondern muss sie durch spezifische Tätigkeiten in der Partnerschaft herstellen. Solche Güter sind z.B. Gesundheit, Entspannung, glückliche Kinder, Liebe, Kameradschaft, schönes Wohnen, der Neid der Nachbarn. Daraus entsteht das Erfordernis einer Entscheidung, nämlich, wer sich dem Arbeitsmarkt zuwendet und wer im Haushalt arbeitet. Grundsätzlich gilt, wer auf dem Arbeitsmarkt ein höheres Einkommen erzielen kann, z.B. aufgrund von Bildung und fachlicher Qualifikation, der wendet sich der Berufsarbeit zu, und der andere arbeitet im Haushalt. Diese Arbeitsteilung stellt den gemeinsamen Ehegewinn her (Becker 1996). Eine wachsende

Effizienz dieser Arbeitsteilung resultiert insbesondere aus dem damit verbundenen wachsenden spezifischen Humankapital zur Erledigung dieser Arbeiten. Die Arbeitsteilung wird also auf der Grundlage von Kosten und Nutzen entschieden. Ändern sich die Preise, dann ändert sich auch das Verhalten. Z.B., wenn sich das arbeitsmarktrelevante Humankapital des Partners erhöht, der sich der Hausarbeit zugewendet hat, dann steigen die Opportunitätskosten für Haushaltsarbeit, weil das auf dem Arbeitsmarkt erzielbare Einkommen steigt. Es muss neu entschieden werden. Auch diese Theorie kommt ohne biologische Determinanten des Sozialverhaltens, aber auch ohne Normen aus.

Hypothese 2:
Je höher die Differenz des Humankapitals und des Einkommens ist, desto geringer ist die Beteiligung an der Hausarbeit sowie an der Betreuung von Kleinkindern und desto geringer ist die Bereitschaft, die eigenen Ansprüche an die berufliche Karriere zu reduzieren.

Die Geschlechtsidentität und Balanciertheit
In der Sozialisationsforschung ist die Herausbildung einer geschlechtsbezogenen Identität ein bedeutsamer Gegenstand. Hier sind relativ gesicherte Ergebnisse zu einzelnen Phasen der Herausbildung einer solchen Identität als einer sicheren Zuordnung der eigenen Person zu einem Geschlecht, wie auch der Bewertung anderer Personen anzutreffen. Im Kern geht es um das geschlechtsspezifische Autostereotyp sowie die Balanciertheit der eigenen Geschlechtszuordnung. Geschlechtsspezifische Autostereotype sind empirisch gut untersucht. Es sind zuverlässige Instrumente entwickelt worden, mit denen maskuline und feminine bzw. instrumentelle und expressive Eigenschaften, die ein geschlechtsbezogenes Autostereotyp bilden, gemessen werden können (Bem 1981; Runge et al. 1981, Bierhoff-Alfermann 1985). In der vorliegenden Untersuchung wurde mit Eigenschaften aus dem GEPAQ (German Extended Personal Attributes Questionnaire) gemessen. Empirisch kann mit diesem Instrument ermittelt werden, ob eine Person ein maskulines, feminines, androgynes oder indifferentes Autostereotyp aufweist (Bierhoff-Alfermann). Die Grundidee ist nun, dass Menschen bestrebt sind, Selbstbild und Verhalten in Übereinstimmung zu bringen. Wenn also eine Person ein maskulines Selbstbild aufweist, dann wird sie wahrscheinlich geschlechtsbezogene Dispositionen bevorzugen, die tradiert maskulin sind, und sie wird bestrebt sein, ihr Verhalten maskulin (instrumentell) zu organisieren. Wenn das geschlechtsspezifische Autostereotyp dagegen undifferenziert oder androgyn ist, kann man erwarten, dass sich keine geschlechtsbezogenen Dispositionen herausbilden bzw. nichttradierte Dispositionen präferiert werden und deshalb das Verhalten dieser Person gegenüber traditionell geschlechtskonnotierten Tätigkeiten offen ist. Diese Beziehungen zwischen Dispositionen sowie Dispositionen und Verhalten werden recht gut in Balancetheorien erklärt (zuerst

Festinger 1957 und Heider 1958), welche inzwischen in der Psychologie und Sozialpsychologie als empirisch sehr gut geprüft gelten.

Hypothese 3:
Je traditioneller die geschlechtsbezogenen normativen Überzeugungen und je maskuliner das Autostereotyp ist, desto geringer ist die Beteiligung an der Hausarbeit sowie an der Betreuung von Kleinkindern und desto geringer ist die Bereitschaft, die eigenen Ansprüche an berufliche Karriere zu reduzieren.

Es soll nun herausgefunden werden, ob die ausgewählten Restriktionen, Differenzen ökonomisch bedeutsamer Ressourcen zur Partnerin und nichttraditionelle normative Geschlechterüberzeugungen die empirisch beobachtbare Varianz von Männern hinsichtlich der Verhaltensbereiche Hausarbeit, Kleinkinderbetreuung und Berufskarriere erklären können. Selbst bei geringer Erklärungskraft wäre eine Bedingungsabhängigkeit des Verhaltens nachgewiesen, denn die entgegenstehende Annahme einer natürlich bedingten Verhaltenskompetenz lässt im Grunde keine kulturell verursachte Varianz zu. In diesen Annahmen sind Männer Männer und verhalten sich demzufolge männlich. Aus dieser Perspektive gesehen sind Männer für bestimmte Haushaltstätigkeiten eher nicht geeignet, weil sie aufgrund ihrer Natur über bestimmte, für Haushaltstätigkeiten erforderliche Eigenschaften und Fähigkeiten nicht verfügen. Besondere Aufmerksamkeit haben vor allem die Nasstätigkeiten wie Wäsche waschen, Fenster putzen, Bad und Toilette reinigen erregt (Kaufmann 1994; Döge/Volz 2002). Im hier problematisierten Zusammenhang heißt es, dass, wenn sich nichttraditionelle Dispositionen beobachten lassen und z.B. die Beteiligung an der Hausarbeit zunimmt, dann ist ein Hinweis zugunsten einer nachhaltigen soziokulturellen Beeinflussung des Verhaltens gegeben.

5. Beschreibung der Untersuchung und Operationalisierung

Im Rahmen eines studentischen Forschungspraktikums[5] wurde im Jahr 2005 eine standardisierte mündliche Befragung von 514 in Partnerschaft lebenden Männern durchgeführt. Dabei handelte es sich um eine nichtrepräsentative Auswahl nach Gutdünken. Die dafür vorgesehenen Merkmale waren Männer, in Partnerschaft lebend, zwischen 18 und 80 Jahren.

---

5 Ich möchte Simone Baumeister, Corinna Düber, Sebastian Ehlen, Viktoria Ermes, Melanie Eulitz, Katharina Gittel, Tino Grieser, Nadja Gropp, Tom Hoyer, Uwe Hut, Willy Jobst, Claudia Keitzl, Susanne Keitzl, Sebastian Kolditz, Mechthild Krause, Klaudia Kühn, Frank Lehmann, Torsten Löffler, Susanne Neuhaus, Theresa Ratajszczak, Maria Stiehler, Marten Thomsen, Kristin Utecht, Frederike Weber, Nadine Winther für ihre Mitwirkung bei der Konzipierung und Durchführung der Untersuchung danken.

Abhängige Variablen

Erklärt werden soll die Beteiligung von Männern an Familienarbeit als Beteiligung an der Hausarbeit und Kleinkindbetreuung und ob in der Vergangenheit eine Zurückstellung der Berufskarriere zugunsten der Partnerin erfolgte. Die Beteiligung an der Hausarbeit sowie die zurückgestellte Berufskarriere repräsentieren berichtetes Verhalten. Auch wenn keine Kontrolle über das Verhalten selbst möglich ist, repräsentieren diese Variablen Messungen, die nicht auf Einstellungen reduziert werden können. Die Frage nach Faktischem soll also die Genauigkeit hinsichtlich einer Verhaltensbeeinflussung erhöhen. Die unabhängigen Variablen richten sich einerseits auf beobachtbare Bedingungen und andererseits auf normative Überzeugungen (vgl. Tabelle 1). Die Variable des Lebensalters dient einer Kontrolle, inwieweit generative normative Effekte die abhängigen Variablen mit beeinflussen. So kann davon ausgegangen werden, dass gerade geschlechtsbezogene normative Überzeugungen zwischen den Generationen einer Veränderung unterliegen, d.h. schwächer werden. Dies kann als ein sozialisatorischer Effekt angesehen werden. Wie Untersuchungen zeigen (Nunner-Winkler/Nikele 2002), kann man diese Grundtendenz annehmen, auch wenn die Veränderungen in Abhängigkeit des sozio-ökonomischen Status unterschiedlich stark ausfallen. Möglicherweise kann in diesem sozialisatorischen Sinn auch das Berufsprestige der Eltern von Bedeutung sein, in dem Sinn, dass je höher es ausfällt, desto geringer möglicherweise auch normative Bindungen an ein tradiertes Verhalten in der Familie zu erwarten sind.

Tabelle 1: Variablen zur Prüfung der drei Hypothesen

Name der Variablen	Bedeutung der Variablen, Wertebereich
unabhängige Variablen	
höheres Einkommen	Einkommen des Befragten multipliziert mit dem geschätzten Anteil am Haushaltseinkommen 1 - alles (Einkommen x 1) ... 3 - die Hälfte (Einkommen x 0,5) ... 5 - kein Einkommen
Schulabschluss	Schulabschluss in Schuljahren
höherer Schulabschluss	Differenz zwischen dem Befragten und seiner Partnerin in Jahren
hoher Berufsstatus	additiver Index aus: Was trifft auf Ihren Arbeitsplatz zu? a) Ich muss an meinem Arbeitsplatz auch die Arbeit von anderen verantworten; b) bei meiner Arbeit gebe ich öfter Anweisungen; c) ein Teil meiner Arbeit besteht in der Kontrolle von Mitarbeitern; 1- trifft überhaupt nicht zu ... 5 - trifft voll zu
Arbeitszeitdifferenz	
Berufsprestige Mann	Werte nach Magnitude Prestige Skala (MPS) von Wegener, 22,0 – 186,8
Berufsprestige Partnerin	MPS
Berufsprestige Vater, Mutter	MPS
höheres Berufsprestige	Differenz der MPS-Werte zur Partnerin

Lebensalter	Lebensalter des Befragten
maskulines Selbstbild	dichotome Variable nach M-Plusskala GEPAQ (Alfermann); Werte über 4,67 = 1 (maskulin)
traditionelles Rollenverständnis	additiver Index: Inwieweit stimmen Sie mit folgenden Meinungen über die Aufgaben von Mann und Frau in der Familie überein? a) Frauen sind für die Versorgung der Kinder besser geeignet als Männer; b) die Hauptaufgabe des Mannes ist es, die Familie zu ernähren; c) eine nichtberufstätige Frau ist die beste Mutter; d) in einer Partnerschaft ist die Berufskarriere des Mannes wichtiger als die der Frau; e) ein Mann sollte gegenüber seinen Kindern die Autoritätsperson in der Familie sein; f) die Hauptaufgabe der Frau ist der Haushalt; 1 - stimme überhaupt nicht zu ... 5 - stimme sehr zu
traditionelle Ernähreinstellung	additiver Index: Es gibt Ehen oder Partnerschaften, in denen die Frau mehr verdient und eine höhere berufliche Position einnimmt als der Mann. Wie würden Sie in einer solchen Situation reagieren? a) würde mich belastet fühlen; b) würde Schuldgefühle haben; c) wäre in meinem Selbstbewusstsein getroffen; d) würde mich anstrengen, um diese Situation zu ändern; e) würde mir viel ausmachen; f) würde mich wegen der anderen Leute genieren; 1 - überhaupt nicht ... 5 - in sehr hohem Maße
abhängige Variablen	
Beteiligung an der Hausarbeit	additiver Index: Wie oft übernehmen Sie folgende Aufgaben im Haushalt? Wäsche waschen, kochen, Staubsaugen, Fenster putzen, Bad/WC reinigen; 1- gar nicht ... 5 - vollständig;
Bereitschaft Erziehungsurlaub	Nehmen wir an, Sie wären heute in der Situation, Vater eines Kleinkindes zu sein, würden Sie die Möglichkeit eines Erziehungsurlaubs in Anspruch nehmen? 1- auf keinen Fall ... 5 - auf jeden Fall
Karriere zurückgestellt	Haben Sie für die Betreuung Ihres Kleinkindes Ihre berufliche Karriere zurückgestellt? 1 - überhaupt nicht ... 5 - in sehr hohem Maße

In einem ersten Schritt werden die bivariaten Zusammenhänge geprüft, wie sie in den drei Hypothesen formuliert sind.

6. Ergebnisse

Entsprechend der Fragestellung soll nun herausgefunden werden, ob das Verhalten von Männern in der Familie auch durch soziokulturelle Bedingungen erklärt werden kann.

In unserer Untersuchung gibt es 10% der befragten Männer, die in Partnerschaft leben und den überwiegenden Teil bzw. gänzlich die als weiblich geltenden Hausarbeiten ausführen: Kochen, Waschen, Staubsaugen, Fenster putzen und Bad/WC reinigen. Dieser beobachtete Wert ist kontrolliert durch die Frage, ob Dritte bei der Verrichtung der Hausarbeit helfen. Für diese 10% ist das nicht der Fall. 13% der Befragten mit Kindern gaben an, für die Betreuung und Versorgung ihres Kindes während der Kleinkindphase die berufliche Karriere in mittlerem bis hohem Maße zurückgestellt zu haben. Die weichere Frage nach der Absicht, ob man Erziehungsurlaub nehmen würde, wenn man in der heutigen Situation Vater eines Kleinkindes wäre, fällt erwartungsgemäß günstiger aus. Diese Variable soll zwar als abhängige Variable mit verwendet, aber unter Vorbehalt interpretiert werden.

Die Wirkung von arbeitsmarktrelevanten Ressourcen auf die Beteiligung an der Hausarbeit

Die Hypothesenbegründung durch eine Ressourcentheorie und die Familientheorie Beckers weisen in der empirischen Messung große Ähnlichkeiten auf. Die theoretische Differenz zwischen Konkurrenz und gemeinsamer Entscheidung ist hier nicht operationalisiert, weil dies nicht der Fragestellung entspricht. Stattdessen interessieren Effekte von Ressourcenvariablen der befragten Männer und Differenzen dieser Ressourcen zu den Partnerinnen. Zum einen kann man hinsichtlich der Hypothesen erwarten, dass je höher eine der ausgewählten Ressourcen ist, desto stärker vermindert diese Ressource die Beteiligung an familialen Tätigkeiten. In Bezug auf die Differenzen sollte sich eine Verstärkung dieser Tendenz ergeben. Im ersten Schritt werden die bivariaten Zusammenhänge (Pearsonkorrelation) geprüft.

Tabelle 2: Ressourcen des Mannes

	Beteiligung an der Hausarbeit	berufliche Karriere zurückgestellt	Bereitschaft Erziehungsurlaub
Schulabschluss	,138**	,101	,157**
Berufsabschluss	-,162**	-,025	-,101*
Berufsprestige Mann	-,014	,033	,026
hoher Berufsstatus	,016	,085	-,056
höheres Einkommen	-,249**	-,116	-,220**

Betrachtet man nur das arbeitsmarktrelevante grundlegende Humankapital, so wirkt der Berufsabschluss des Befragten in einer hypothesenkonformen Richtung auf die Beteiligung an der Hausarbeit und die Absicht, Erziehungsurlaub in Anspruch zu nehmen. Je höher demnach diese Ressourcen sind, desto geringer ist die berichtete Beteiligung an der Hausarbeit. Die Wirkung des Schulabschlusses dagegen unterstützt die Hypothese nicht. Eine Kreuztabellierung zeigt, dass 12% derjenigen mit 12jähriger Schulausbildung über keinen Berufsabschluss verfügen. Insgesamt stellt sich in der Stichprobe eine Abweichung von der vorherrschenden normativen Erwartung einer Kongruenz zwischen hohem Schulabschluss und hohem Berufsabschluss (Abitur und akademische Berufsbildung) ein, sodass beide Variablen nicht gegeneinander substituierbar sind.

Der höchste Effekt geht vom Einkommen aus. Für die Modellierung komplexer Zusammenhänge sind die Werte akzeptabel. Die Beteiligung an der Hausarbeit wird demnach recht deutlich durch die Einkommenshöhe des Mannes beeinflusst. Im Sinne der Ressourcentheorie wurde dies als ein Effekt verstanden, der eheliche Macht erzeugt und deshalb dem männlichen Partner Möglichkeiten gibt, seine Beteiligung an der Hausarbeit zu verringern. Die beiden anderen abhängigen Variablen weisen die gleiche Effektrichtung auf. Dagegen sind der berufliche Status und das Berufsprestige ohne Wirkung auf die interessierenden Verhaltensbereiche.

In Hypothese 2 wird eine Wirkung aus Ressourcendifferenzen zwischen den Partnern angenommen. Demnach sollte die Wirkung auf die abhängigen Variablen umso größer sein, je größer die Differenz zugunsten des Mannes ausfällt. Im Hinblick auf die Familientheorie Beckers ist dies ein Beleg dafür, dass ein Arrangement zwischen den Partnern stattfindet. Die Nähe zwischen diesen beiden Theorien macht es allerdings auch möglich, Differenzen als Quelle ehelicher Macht aufzufassen. Dessen ungeachtet soll es hier aber darum gehen, ob sich aus den Bedingungen, die durch beide Theorien begründet werden, systematische Verhaltenseffekte beobachten lassen. Es wird durch die bivariate Prüfung deutlich, dass letztlich nur die Einkommensdifferenz auf die Verhaltensvariablen wirkt. Hierin ist eine ‚harte' Variable zu sehen, von der ein nachhaltiger Einfluss auf die Organisation des Familienlebens ausgeht. Es zeigt sich, dass je höher die Einkommensdifferenz zugunsten des Mannes ausfällt, umso geringer ist seine Beteiligung an der Hausarbeit und desto geringer fiel das Zurückstellen der eigenen Berufskarriere aus. Eine Kontrolle über die Differenz der Arbeitszeit zwischen den Partnern zeigt, dass es sich hier aber nicht um eine reine Machtressource handelt. So beträgt die Korrelation der Arbeitszeitdifferenz also, je mehr der Partner arbeitsbedingt außer Haus ist, desto weniger beteiligt er sich an der Hausarbeit r = 0,208**. Dagegen lässt sich kein Effekt auf die Zurückstellung der Berufskarriere feststellen.

Tabelle 3: Ressourcendifferenzen

	Beteiligung an der Hausarbeit	berufliche Karriere zurückgestellt	Bereitschaft Erziehungsurlaub
höherer Schulabschluss	-,045	-,005	-,017
höherer Berufsabschluss	-,066	-,022	-,021
höheres Berufsprestige	-,039	,026	-,085
höheres Einkommen	-,172**	-,156**	-,149**

Die Wirkung normativer Überzeugungen auf die Beteiligung an der Hausarbeit
Im letzten Teil sollen die normativen Überzeugungen sowie eventuelle Unterschiede zwischen den Generationen herangezogen werden, um herauszufinden, inwieweit durch sie eine empirisch beobachtbare Differenz des Verhaltens der befragten Männer erklärt werden kann.

Tabelle 4: Geschlechternormen und geschlechtsbezogenes Autostereotyp

	Beteiligung an der Hausarbeit	berufliche Karriere zurückgestellt	Bereitschaft Erziehungsurlaub
Maskulines Autostereotyp	-,067	-,058	-,153**
tradiertes Rollenverständnis	-,353**	-,173**	-,303**
traditionelle Ernähnrereinstellung	-,164**	-,062	-,228**
Lebensalter	-,327**	-,243**	-,245**

Zum Ersten wird deutlich, dass das geschlechtsbezogene Autostereotyp nur auf die Bereitschaft zum Erziehungsurlaub wirkt. Interessanterweise zeigt sich ebenfalls ein Effekt, der bei Männern mit einem femininen Autostereotyp auf diese Bereitschaft wirkt. Dieser Effekt ist theoretisch plausibel (im Sinne tradierter Geschlechternormen) positiv (r = 0,147**), also entgegengesetzt. Besonders klar fallen die normativen Effekte aus. Die Intensität eines tradierten Geschlechterrollenverständnisses sowie die normative Überzeugung als Mann für das Familieneinkommen zuständig zu sein, vermindert die Intensität aller drei abhängigen Variablen. Zudem zeigt sich, dass auch das Lebensalter, das hier operational als Generationenbezug angesehen wird, wahrscheinlich ebenfalls normativ besetzt ist. Demnach beteiligen sich ältere Männer deutlich weniger an der Hausarbeit und es kommt für sie weniger in Frage, die Berufskarriere zurückzustellen.

Insgesamt geht aus den bivariaten Analysen eine Unterstützung der Hypothesen hervor. Zwei Variablengruppen sind an der Verhaltenserklärung besonders beteiligt: das Einkommen und die Intensität tradierter normativer Überzeugungen zu Geschlechterrollen. Letzteres schließt die Altersvariable im Sinne einer sinkenden Akzeptanz von Geschlechterrollen zwischen den Generationen ein.

Im letzten Schritt werden die Hypothesen mit einem Mehrgleichungsmodell gemeinsam geprüft. Dabei soll sich zeigen, ob die bivariaten Effekte auch unter multivariaten Bedingungen erhalten bleiben oder ob Drittvariablen die Ergebnisse der bivariaten Analyse maßgeblich beeinflusst haben. Mehrgleichungsmodelle weisen zudem den Vorteil auf, mehrere abhängige Variablen gleichzeitig einzubeziehen, sodass auch indirekte Effekte und Rückwirkungen geprüft werden können.

Insgesamt bewähren sich die genannten unabhängigen Variablen in einem Mehrgleichungsmodell (Abb. 1). Es zeigt sich, dass die Beteiligung an der Hausarbeit auch durch die beiden anderen abhängigen Variablen mit beeinflusst wird. Sowohl die Bereitschaft, Erziehungsurlaub zu nehmen, als auch bereits die berufliche Karriere zurückgestellt zu haben, weisen Effekte auf die Beteiligung an der Hausarbeit auf. Es lässt sich aber keine Rückwirkung von der Beteiligung an der Hausarbeit auf die Bereitschaft zum Erziehungsurlaub nachweisen[6].

Betrachten wir zunächst die Einkommensvariable, als die Höhe des Einkommens des Befragten. Hypothesenkonform beeinflusst die Einkommensvariable sowohl die Bereitschaft zum Erziehungsurlaub als auch die Beteiligung an der Hausarbeit negativ. Die Effektstärken sind akzeptabel. Je höher also der eigene Einkommensanteil am Haushaltseinkommen ist, desto geringer ist die Bereitschaft zum Erziehungsurlaub und desto geringer ist die Beteiligung an der Hausarbeit.

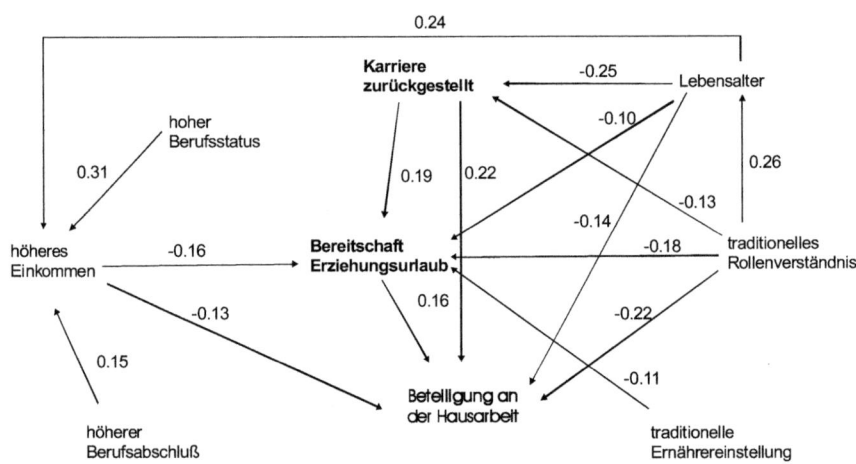

Chi-Square=10.67 df=12, P-value=0.55719, RMSEA=0.000

Abb. 1: Mehrgleichungsmodell zur Erklärung der Beteiligung an familialen Tätigkeiten

Ein Effekt auf die Zurückstellung der beruflichen Karriere zeigt sich nicht. Dies hat jedoch keinen Einfluss auf das Ergebnis, da es sich hier um einen in der Vergangenheit liegenden Sachverhalt handelt, von dem nicht miterhoben wurde, wie lange er zurückliegt und wie die Einkommensverhältnisse zu diesem Zeitpunkt gewesen sind. Es stellt sich nun die Frage, ob die Wirkung auf die

---

6 Zur anderen Variablen (in der Vergangenheit berufliche Karriere zurückgestellt) ebenfalls nicht, aber dies wäre auch theoretisch nicht plausibel.

beiden anderen abhängigen Variablen im Sinne höherer Ressourcen als Auswirkungen ehelicher Macht anzusehen sind oder als rationale Entscheidung der Partner im Sinne der ökonomischen Familientheorie. Mit den zur Verfügung stehenden Daten kann dies nicht entschieden, wohl aber auf einige Anhaltspunkte zugunsten der einen wie der anderen Theorie verwiesen werden. Die ökonomische Familientheorie fokussiert die Entscheidung der Investition in Tätigkeiten auf dem Arbeitsmarkt oder im Haushalt. Die zur Verfügung stehenden Daten weisen aber lediglich arbeitsmarktrelevante Differenzen auf, die auch im Sinne der Ressourcentheorie aufgefasst werden können. Zwei Variablen sind jedoch unabhängig von der gegenwärtigen Situation: die Differenzen zwischen den Partnern hinsichtlich der Höhe des Schulabschlusses und des Berufsabschlusses. Diese Variablen können Hinweise auf eine zurückliegende nachhaltige Entscheidung liefern, wer sich dem Arbeitsmarkt zuwendet und wer dem Haushalt. Wahrscheinlich ist diese Entscheidung schon deshalb nachhaltig, weil damit eine Etablierung auf dem Arbeitsmarkt wahrscheinlich wird und damit auch der Abstand zwischen den Partnern, was ihr auf dem Arbeitsmarkt erzielbares Einkommen betrifft. Während die Differenz in der Höhe des Schulabschlusses keine signifikanten Wirkungen aufweist, zeigt die Differenz in der Höhe des Berufsabschlusses Wirkung auf die Einkommensdifferenz. Das kann als Hinweis darauf gesehen werden, dass diese Differenz die Partner dazu bewogen hat, zu entscheiden, wer sich zumindest mehr der Berufsarbeit zuwendet und sich damit weniger an der Hausarbeit beteiligt und auch den Erziehungsurlaub nicht beanspruchen würde.

Zwei weitere Variablen verweisen auf eine Etablierungstendenz auf dem Arbeitsmarkt: Je höher das Lebensalter, desto höher ist auch der eigene Anteil am Haushaltseinkommen. Gleiches gilt für den beruflichen Status. Letzteres kann aber ebenso als Hinweis auf die Ressourcentheorie angesehen werden. Ungeachtet dieser unterschiedlichen theoretischen Begründungen, lässt sich feststellen, dass über den eigenen Einkommensanteil des Mannes drei indirekte Wirkungen beobachtbar sind. Die zweite zentrale Bedeutung für die Erklärung der abhängigen Variablen weist das Geschlechterrollenverständnis auf. Ein traditionelles Rollenverständnis hinsichtlich der Arbeitsteilung der Geschlechter vermindert das Auftreten aller drei abhängigen Variablen. Am deutlichsten wird dadurch die Beteiligung an der Hausarbeit verringert. Zudem geht von einer traditionellen Ernährereinstellung ein vermindernder Effekt auf die Bereitschaft zum Erziehungsurlaub aus. Im Hinblick auf eine normative Interpretation der Altersvariable lässt sich ein spürbarer indirekter Effekt des traditionellen Rollenverständnisses beobachten. Dazu ist zu bemerken, dass die Altersvariable nicht lediglich das Lebensalter repräsentiert, sondern auch als Kohorte oder Generation aufzufassen ist. Diesbezüglich sammeln sich in der Altersvariable zahlreiche Effekte, die aus den frühen Phasen der Sozialisation und milieuspezifischen Bedingungen hervorgehen. In diesem Sinne ist auch die Wirkungsrichtung des tradierten Rollenverständnisses zu verstehen. Das Rollenverständnis bewirkt also nicht ein bestimmtes Lebensalter, sondern generiert eine gemeinsame Alterskohorte im Hinblick auf Grundüberzeugungen. Die Altersvariable weist demnach eine vermittelnde Position auf. Über sie gehen vielfältige indirekte ebenso wie direkte Effekte aus. Mit der Höhe des Lebensalters steigt einerseits die Höhe des eigenen Einkommensanteils und in ihr ist andererseits die Intensität tradierter Rolleneinstellungen enthalten.

Insgesamt lässt sich Folgendes nachweisen: Die beobachtbare Abweichung eines als für Männer typisch angesehenen Verhaltens im Hinblick auf eine natürliche geschlechtsspezifische Arbeitsteilung zwischen Arbeitsmarkt und Familie/Haushalt, geschieht nicht aus zufällig auftretenden Bedingungen. Vielmehr lassen sich systematische Effekte in der Lebenssituation beobachten, welche auf das Verhalten wirken. Unzweifelhaft ist das Einkommen der Partner eine ganz zentrale Bedingung für das Zustandekommen und die Stabilität der Arbeitsteilung zwischen den Geschlechtern. Es sollte auch beachtet werden, dass es einen sozialen Kontext gibt, der diese Wirkung beeinflusst und stabilisiert. Berufsarbeit und die damit erzielbare Einkommenshöhe basiert z.B. auf Kontinuität der Investition, wie z.B. Qualifikation und lückenlose Präsenz, sowie auf zeitlicher und räumlicher Flexibilität der Arbeitnehmer. Das sind Faktoren, welche die Etablierung auf dem Arbeitsmarkt bestimmen und damit nachhaltige Differenzen im erzielbaren Einkommen bewirken. In der Wirkung normativer Überzeugungen kann durchaus eine gewisse Eigenständigkeit gesehen werden. Auch wenn die Geltung von Normen stets mit den sie begünstigenden oder hemmenden Handlungen in Beziehung gesetzt werden muss, weisen sie ein Beharrungsvermögen auf. Grundüberzeugungen verweisen oft auf einen sozialisatorischen Hintergrund und bleiben im Lebenslauf recht stabil.

7. Diskussion

Für die Überprüfung eines Entscheidungsmodells, wie es in der ökonomischen Familientheorie vorgesehen ist, wären Längsschnittdaten besser geeignet, um zu überprüfen, ob tatsächlich die arbeitsmarktrelevante Ressourcendifferenz ausschlaggebend für die Entscheidung zwischen Arbeitsmarkt und Haushalt ist und nicht das geschlechtsspezifische Rollenverständnis der Partner.

Die abhängigen Variablen müssten durch Mehrfachmessung und noch stärkeren Verhaltensbezug operationalisiert werden. Dies ist u.a. mittels größerer Faktennähe (Ort, Zeitpunkt) möglich. Die Variable „Erziehungsurlaub" sollte aufgrund der gegenwärtigen Verbreitung ebenfalls als berichtetes Verhalten erhoben werden. Schließlich ist die Bedeutung der Altersvariable trotz des angebbaren indirekten Effekts der normativen Überzeugungen noch unzureichend aufgeklärt. Die Wirkungen dieser Variable verweisen auf die Notwendigkeit einer intensiveren Untersuchung von Sozialisationseffekten im Generationenzusammenhang auf normative Überzeugungen hinsichtlich der Rolle der Geschlechter und Verhaltenstendenzen im Verhältnis der Geschlechter zueinander.

Literatur

Aristoteles: Politik und Staat der Athener. Hg. v. Olof Gigon. Zürich 1955.

Becker, G.S.: Eine ökonomische Analyse der Familie. In: Ders./Pies, I. (Hg.): Familie, Gesellschaft und Politik – die ökonomische Perspektive. Tübingen 1996, S. 101-116.

Bem, S.L.: The BSRI and gender schema theory: A reply to Spencer and Helmreich. Psychological Review 88(1981), S. 369-371.

Bierhoff-Alfermann, D.: Androgynie. Opladen 1985.

Blood, R./Wolfe, D.H.: Husbands and Wives. The Dynamics of Married Living. New York 1960.

Dawkins, R.: Das egoistische Gen. Heidelberg 1994.

Döge, P./Volz, R.: Wollen Frauen den neuen Mann? Traditionelle Geschlechterbilder als Blockaden von Geschlechterpolitik. Zukunftsforum Politik. Nr. 47. St. Augustin 2002.

Festinger, L.: A Theory of Cognitive Dissonance. Stanford 1957.

Heer, D.M.: The Measurement and Bases of Family Power. In: Journal of Marriage and the Family 25(1963), S. 133-139.

Heider, F.: The Psychology of Interpersonal Relations. New York 1958.

Held, T.: Soziologie der ehelichen Machtverhältnisse. Darmstadt, Neuwied 1978.

Kaufmann, J.-C.: Schmutzige Wäsche. Zur ehelichen Konstruktion von Alltag. Konstanz 1994.

Kurbjuweit, D./Gorris, L.: Ein Team von Hermaphroditen. Der Philosoph Peter Sloterdijk über Torschützenorgasmen und nationale Erregungsgemeinschaften, über den männlichen Jäger, den niemand mehr braucht – und was das alles mit Fußball zu tun hat. Interview. In: Der Spiegel 23(2006).

McDonald, G.W.: Structural Exchange and Marital Interaction. In: Journal of Marriage and the Family 43(1981), S. 825-839.

Merton, R.K.: Funktionale Analyse. In: Mühlfeld, C./Schmid, M. (Hg.): Soziologische Theorie. Hamburg 1974, S. 199-234.

Morris, D.: Der Menschen-Zoo. München, Zürich 1976.

Morris, D.: Der nackte Affe. München 1995.

Neumann, G.-H.: Reicher Mann sucht schöne Frau. In: netzeitung.de vom 6.4.2001.

Nunner-Winkler, G./Nikele, M.: Moralische Differenz oder geteilte Werte. In: Geschlechtersoziologie. Kölner Zeitschrift für Soziologie und Sozialpsychologie. Sonderheft 2002, S. 108-135.

Pease, A./Pease, B.: Warum Männer nicht zuhören und Frauen schlecht einparken: Ganz natürliche Erklärungen für eigentlich unerklärliche Schwächen. München 2000.

Petzold, K.: Soziologische Theorien in der Archäologie. Saarbrücken 2007.

Rowe, D.: Genetik und Sozialisation. Weinheim 1997.

Runge, T.E. et al.: Masculine (Instrumental) and Feminine (Expressive) Traits. A Comparison between Students in the United Staates and West Germany. In: Journal of Cross-Cultural Psychology 12(1981), S. 142-162.

Vanberg, V.: Rational Choice and Rule-Based Behavior: Alternative Heuristics. In: Metze, R./Mühler, K./Opp, K.D. (Hg.): Normen und Institutionen: Entstehung und Wirkungen. Leipzig 2000, S. 17-33.

Voland, E.: Grundriss der Soziobiologie. Heidelberg 2007.

Wilson, E.O.: Sociobiology: the new synthesis. Cambridge 1978.

Wilson E.O.: Biologie als Schicksal – Die soziobiologischen Grundlagen des menschlichen Verhaltens. München 1980.

Der „Familienvater"
Von der Produktion einer DDR-Männlichkeit im Kontext demographischer Wissensbestände und sozialpolitischer Praktiken

Maximilian Schochow

„In unserem Land," so der DDR-Soziologe Hannes Hüttner 1986, „dessen Bevölkerung ganz langsam abnimmt, weil zu wenig dritte Kinder geboren werden, sind die glücklichsten Ehen die mit den vielen Kindern." (Hüttner 1986, 11) Und weiter heißt es in Hüttners Artikel *Männer – eine Gleichung mit Unbekannten?*: „Kinder [sind] für eine heutige Partnerschaft, mag sie nun Lebensgemeinschaft oder Ehe heißen, von großem Gewinn." Sie sind „unverzichtbar, die sichtbare Fortsetzung des eigenen Lebens, eine Bereicherung, für die auch die Männer Opfer bringen." (Hüttner 1986, 11) Die Ausführungen Hüttners, die in der DDR-Zeitschrift *Für Dich*[1] veröffentlicht werden, offenbaren drei spezifische Komponenten des demographischen Diskurses, der seit Mitte der 1980er Jahr in der DDR wucherte.

Erstens, die Krisenbeschreibung: Demnach schrumpfte die Bevölkerung der DDR langsam aber kontinuierlich. Zweitens, die Gefahrenprognose: Danach hing der stetige Rückgang der Bevölkerungszahl ursächlich mit der Abnahme von ‚Drei-Kind-Familien' zusammen. Und schließlich Drittens, die wissenschaftliche Expertise: Daran anschließend müssten ‚Drei-Kind-Familien', um diesen Trend zu stoppen, stärker gefördert werden. Hüttner schlägt hier unter anderem die Entlastung der „werktätigen Mutter" durch den sich aufopfernden „Familienvater" vor. Dieser verstehe Kinder als eine Bereicherung und Fortsetzung des eigenen Lebens und teile die häusliche Arbeitszeit mit seiner Frau. Genau dieses Aussagecluster, so meine erste These, repräsentiert den demogra-

---

1 Die *Illustrierte Zeitschrift für die Frau. Für Dich* war eine in der DDR verlegte, seit 1963 als wöchentliche Ausgabe erscheinende Zeitschrift eines Berliner Verlages. Vorgängerin der *Für Dich* war die Zeitschrift *Die Frau von heute*, die 1962 eingestellt wurde. Das Erscheinen der *Für Dich* wurde im Juni 1991 eingestellt (vgl. hierzu Budde 1999).

phischen Wissensbestand, vor dessen Hintergrund die neue Männlichkeit in der DDR produziert wird.[2]

Doch das Aufzeigen und Analysieren von Wissensbeständen – beispielsweise der demographischen Krisenbeschreibung, der Gefahrenprognose und der daraus resultierenden wissenschaftlichen Expertise, die das drohende Zukunftsszenario abwenden will – offenbart für sich genommen noch keine Wirkungen, die die demographischen Diskurse zeitigen. Vielmehr steht die Frage im Raum, folgt man Foucault, wie sich Wissen in Praktiken der Macht – unter anderem Gesetzesregelungen – materialisiert und welche Effekte – beispielsweise spezifische Subjektkonstitutionen – diese Taktiken hervorbringen.[3] Im Weiteren sollen diese Fragen unter anderem anhand einer Gesetzesnovellierung untersucht werden, die im gleichen Jahr, da Hüttner seine wissenschaftliche Expertise veröffentlichte, in der DDR erlassen wurde. Die „Verordnung über die weitere Verbesserung der Arbeits- und Lebensbedingungen der Familien mit Kinder" erweitert einerseits die Regelungen zum sogenannten „Babyjahr" für Frauen – sie dürfen seit diesem Zeitpunkt bereits ab dem ersten Kind eine Freistellung beantragen (vgl. Gesetzblatt vom 28. April 1986, 241). Andererseits jedoch lässt das Gesetz die Konturen eines vollkommen neuen Rechtssubjekts erscheinen, denn nunmehr kann, so die Verordnung: „anstelle der Mutter auch der Ehegatte [die zu gewährende bezahlte Freistellung von der Arbeit] in Anspruch nehmen" (Gesetzblatt vom 28. April 1986, 242). Die Novelle zur bezahlten Freistellung von Vätern, die in Studien zur Sozial-, Familien- oder Frauenpolitik in der DDR entweder keine Erwähnung findet oder explizit negiert wird, hat jedoch eine fundamentale Wirkung.[4] Sie markiert, so meine zweite These, die Geburtsstunde des diskursiven Ereignisses – der „Familienvater" – in der DDR, stellt eine signifikante Praktik zur Regulierung des Bevölkerungskörpers dar und wird hier als eine spezifische Taktik der Subjektivierung verstanden.

Im Folgenden sollen die erste und die zweite These miteinander verschränkt und dahin gehend präzisiert werden, dass die DDR-Männlichkeit – der „Fami-

---

2 Vgl. zur Genealogie des „Familienvaters", der erstmals in den humanistischen Traktaten der Renaissance beschrieben wird, im 18. Jahrhundert unter anderem auf dem Theater, in Stücken von Carlo Goldoni und Denis Diderot, auftaucht und schließlich im 19. Jahrhundert zum klassischen bürgerlichen Vatermodell wird (u.a. Hammerstein 1996, 30ff.; Hafner 1994, 174ff.; Knibiehler 1996, 117ff.).

3 Vgl. zur Frage wie und seit wann Gesetze nicht mehr ausschließlich als Mittel des Gehorsams, sondern als spezifische Taktiken eingesetzt beziehungsweise angewendet werden, um ein Ziel zu erreichen (Foucault 2005, 160ff.).

4 So behauptet beispielsweise Michael Schwartz, dass in der DDR traditionelle Rollenstereotype „in Ehe und Familie konserviert worden [sind], statt diese ‚allmählich aufzulösen', da Ehemänner-Vätern entsprechende Babyjahr-Angebote niemals gemacht" wurden (Schwartz 2005, 81). Wenn der Gesetzestext jedoch Erwähnung findet, so wird er als eine Art Ausnahmeregelung charakterisiert, die kaum oder nie Anwendung gefunden hat (vgl. Helwig 1995, 1256; Schulz 1998, 129).

lienvater" – auf Grundlage von demographischen Wissensbeständen und sozialpolitischen Praktiken erscheint. Er taucht als Effekt von Macht/Wissens-Taktiken in jenem Moment auf, da die pronatalistisch ausgerichtete Bevölkerungspolitik der DDR, die bis zu diesem Zeitpunkt fast ausschließlich die Frau als Interventionsobjekt kannte, in eine Krise gerät. Im Weiteren soll gefragt werden, über welche Diskurse und Praktiken diese Männlichkeit hergestellt wurde und welche Eigenschaften sowie Funktionen ihr zugeschrieben wurden. Diese Analyse geschieht jedoch vor einem zweifach flankierten Hintergrund. Erstens: Seit den 1970er Jahren breitet sich eine schier unüberschaubare Anzahl von Monographien, Sammelbänden oder einzelnen Zeitschriftenartikeln aus, in denen die unterschiedlichsten Facetten von Frauen in der DDR diskutiert, seziert oder analysiert werden. Nicht selten werden die pronatalistische Bevölkerungspolitik der DDR und die hiermit korrespondierende Doppelrolle der Frau – die „werktätige Mutter" – in den Vordergrund gestellt (vgl. Belwe 1990; Klenner 1990; Hampele 1993; Trappe 1995; Schäfgen 2000). Zweitens: Die Forschung hat es bisher versäumt – bis auf wenige Ausnahmen innerhalb der Gender-Studies[5] beziehungsweise der Männlichkeitsforschung (vgl. Zahlmann 2000) –, jene Männlichkeiten, die in der DDR produziert wurden, näher zu untersuchen. Sicher, inzwischen sind einige Männlichkeiten bekannt, wie das des NVA-Soldaten, des Arbeiters oder aber das des leitenden Ingenieurs. Doch diese Männerbilder werden häufig als Negativfolie zum detailliert beschriebenen DDR-Frauenbild bestimmt und erscheinen meist als schemenhafte Skizzen (vgl. Diemer 1989; Dölling 1993; Oslow 1993; Sorensen/Trappe 1995).

Der folgende Beitrag versucht in vier Schritten, das bestehende Forschungsdesiderat in Bezug auf die DDR-Männlichkeit, den „Familienvater", aufzuzeigen. Zum einen soll das diskursive Ereignis – der „Familienvater" – über die Betrachtung von Rezensionen rekonstruiert werden, die Dokumentarliteratur, Romane und Kurzgeschichten besprechen. Zum anderen geht es um die Analyse der demographischen Krise in der DDR, die sich seit Mitte der 1970er Jahre andeutete und in den 1980er Jahren dahin gehend zuspitzte, dass ein neues Interventionsobjekt errichtet wurde. Darüber hinaus werden die sozialpolitischen Antworten auf die Krise, die bevölkerungspolitischen Praktiken, untersucht, die schließlich den „Familienvater" hervorbrachten. Schließlich wird jene Diskussion beleuchtet, die im Anschluss an die Erfindung des „Familienvaters" in der DDR eingesetzt hat und versuchte, diese Männlichkeit zu identifizieren.

---

5 Die begehrteste DDR-Männlichkeit, die in diversen Studien analysiert wurde, ist der „homosexuelle Mann" (vgl. hierzu u.a. Kowalski 1987; Gehling 1993; Stapel/Starke 1994).

1. Der „Familienvater" in der (Dokumentar-)Literatur

Das eingangs vorgestellte Zitat von Hüttner, das sich weder in einer Fachzeitschrift für Soziologie, Familienpolitik oder Demographie, sondern in der *Für Dich*, der illustrierten *Zeitschrift für die Frau* findet, war in eine Diskussionsreihe eingebunden, die im Jahr 1986 von der *Für Dich*-Redaktion ins Leben gerufen wurde. Unter der Überschrift: LITERATUR-FORUM, ALTER ADAM – NEUER ADAM wurden einerseits DDR-Romane diskutiert und deren männliche Protagonisten analysiert. Hier finden sich Rezensionen über Bücher von Günter de Bruyn (*Märkische Forschungen*), von Wolfgang Eckert (*Familienfoto*), von Günter Görlich (*Die Chance des Mannes*) oder aber von Herbert Otto (*Der Traum vom Elch*) (vgl. de Bruyn 1978; Eckert 1982; Görlich 1982; Otto 1983). Andererseits sollen die LeserInnen ihre „Meinung zu zwei Büchern" formulieren, die zu diesem Zeitpunkt in der DDR „heftig debattiert" wurden (Redaktion 1986, 10). Diese entstanden, in Anlehnung an Maxie Wanders Frauen-Protokolle, als Dokumentationsliteratur (vgl. Wander 1977). Doch im Gegensatz zu Wanders Frauen-Protokollen hatte Christine Müller 1985 transkribierte *Männer-Protokolle* herausgegeben (vgl. Müller 1985). Und ein Jahr später veröffentlichte Christine Lambrecht freimütige Protokolle unter dem Titel *Männerbekanntschaften* (vgl. Lambrecht 1986).

In den Leserbriefen, die in der Diskussionsreihe ALTER ADAM – NEUER ADAM abgedruckt erschienen, wurde die spezifische DDR-Männlichkeit – entweder durch negative Abgrenzung oder durch positive Schilderung – klar umrissen. So schreibt beispielsweise Margot Felt aus Fürstenwalde: „Günter de Bruyns Karl Erp versagt als Familienvater, ist ein halbherziger Liebhaber und auch im Beruf ziemlich lahm." (Felt 1986, 10) Dass es aber auch anders geht, weiß zumindest Sybill-Dorett Schulte aus Berlin zu berichten. Sie lässt den „Familienvater" als positiv konnotierte Männlichkeit über Wolfgang Eckerts Roman *Familienfoto* beziehungsweise über dessen männlichen Protagonisten Paul Weidauer erscheinen: „Er ist tolerant, verständnisvoll, hilfsbereit und was man noch mehr an positiven Attributen diesem erfahrenen Familienvater zuschreiben kann." (Schulte 1986, 10)

Die Romanfiguren fungieren aber nicht nur als fiktive Projektionsflächen, sondern werden zu „Männergestalten aus Fleisch und Blut" (Borst 1986, 10). In Herbert Ottos Roman *Der Traum vom Elch* entdeckt Meta Borst einen dreißigjährigen Helden, der nach „einem erfüllten Leben [sucht], das ihm seine Tätigkeit als Abteilungsleiter in der Bibliothek seiner Heimatstadt nicht vermittelt. Unter schwierigeren Lebensumständen versucht er, sich zu bewähren, will noch nicht ‚angekommen sein'. Seine Liebe zur neuen Partnerin ist frei von jeglicher Berechnung. Mit ihr verbindet ihn ein fast mütterliches Vatergefühl zu ihrem Kind." (Borst 1986, 10) Diese Männerfiguren „sind nicht ‚der Spatz in der Hand', sondern streitbare Männer, fest in der Gesellschaft und in ihrer Arbeit verankert, Verantwortung nicht scheuend und zu großer Liebe fähig." (Borst 1986, 11)

Wie sich in den Ausführungen von Borst bereits ankündigt, werden in den Rezensionen häufig Differenzen zwischen den Männer-Generationen geschildert. Sybill-Dorett Schulte hat Jochen Wiesigels Roman *Wir wollten doch alles ganz anders machen...* gelesen (vgl. Wiesigel 1979). „Anders machen", so Schulte, „das meint: besser machen, als es Eltern, Freunde Bekannte tun." (Schulte 1986, 11) Doch gleichwohl die ProtagonistInnen in Wiesigels Buch scheitern, wie Schulte konstatiert, „[macht] ein Blick auf die heute dreißigjährigen Männergestalten [...] veränderte Haltungen deutlich. Eine Generation, im Sozialismus aufgewachsen, Emanzipation wurde zur Selbstverständlichkeit" (Schulte 1986, 11). Und so kommt sie, in der vergleichenden Betrachtung der Männer-Generationen, zu dem Schuss, „daß die jüngeren Männer von vornherein bereit sind, Haushalt und Kindererziehung mitzutragen. Sie sind stolz darauf, daß ihre Frauen klug und erfolgreich sind im Beruf. Sie akzeptieren einen persönlichen Freiraum für die Frau an ihrer Seite – außerhalb von Beruf, Kindern und Haushalt." (Schulte 1986, 11) *Väter und Söhne* überschreibt Eva-Maria Becker ihre Überlegungen und bindet in ihrem Rezensionstitel noch einmal zusammen, was in den Erzählungen schon lange entzweit ist (vgl. Becker 1986, 10). Im Mittelpunkt ihrer Ausführungen stehen zwei Erzählungen aus der Anthologie *Mein ganzes schönes Sanssouci – Geschichten von uns* (vgl. Albrecht 1986). Becker streicht aber nicht nur die ‚Männer aus Fleisch und Blut' heraus, sondern auch deren Konflikte mit der Ahnengeneration, die in den Erzählungen transportiert werden: „In beiden ist eine der Hauptfiguren ein Mann der jüngeren Generation, der sich mit seiner Lebenshaltung im Gegensatz zur Auffassung des Vaters befindet. Diese jungen Männer leben sehr bewußt in unserer Gesellschaft." (Becker 1986, 10)

Beiträge wie *Andere Zeiten – andere Männer* (Blume 1986) oder aber *Vater, Mutter, Kind* (Rouvel 1986) nehmen dieses Thema auf und ergänzen es unter anderem um die Frage, wo die Väter in der Kinderliteratur sind und wie sie geschildert werden. Die Antworten von Claudia Rouvel beispielsweise lauten: In den Büchern für Kinder „treffen wir sie häufig am Abendbrottisch." Es sind „deutlich verunsicherte Väter" und meist Künstler, die „prädestiniert für Emotionalität und Zweifel sind". Die Abwesenheit anderer Männer erklärt Rouval so: Die „vielen Arbeiterväter [zeichnen sich] durch kräftiges Am-Sozialismus-Bauen, aber wenig Feingefühl aus" (Rouvel 1986, 22). Ähnlich sieht es Hüttner in seinem zweiten Beitrag für das Literaturforum. Unter der Überschrift *Vater gesucht* stimmt er einerseits den vielen Zuschriften zu, die über die Abstinenz von „Familienvätern" in der Kinderliteratur klagen (vgl. Hüttner 1986a, 10). Andererseits jedoch reißt er ein klares Bild dessen auf, wie ein Vater innerhalb der Familie agieren müsse: „[E]s wird eine Zeit kommen, dann wird – zuerst wohl von einer Autorin – auch der Vater entdeckt werden: der lustige, einfallsreiche, zu Streichen und verrückten Spielen aufgelegte, von vielen Freunden und Bekannten umgebene, mitten in unserer Gesellschaft stehende, aktive und arbeitsame Vater, der nicht nur seine Frau fördert, sondern auch seine Kinder erzieht." (Hüttner 1986a, 11)

Derartige Eigenschaftszuweisungen finden sich nicht nur in den Roman-Rezensionen, sondern auch in den Besprechungen der Dokumentarliteratur, den erwähnten Männerprotokollen von Christine Müller und Christine Lambrecht.[6] So führt beispielsweise Marianne Krumrey aus: „Besonders in der dokumentarischen Literatur, die neue Wirklichkeitsverhältnisse als erste aufspürt, sind neben althergebrachten auch überraschend neue Haltungen von Männern zu finden. Nachzulesen in den Büchern ‚Männerprotokolle' von Christine Müller und ‚Männerbekanntschaften' von Christine Lambrecht. Hier wird die Tendenz sichtbar, daß Männer die Berufstätigkeit ihrer Frauen für selbstverständlich halten [...]. Sichtbar wird auch, daß Männer sich weitestgehend auf eine Gemeinschaft mit einer berufstätigen Partnerin eingestellt haben. Da ist viel Solidarität, Fürsorglichkeit, Sorge um familiäre Angelegenheiten zu finden, gehören feste Aufgaben bei der Bewältigung des alltäglichen Lebens zur Selbstverständlichkeit. Das beweist: Ebenso wie das weibliche Geschlecht befindet sich auch das männliche im Umbruch." (Krumrey 1986, 11) Und Hüttner, der sich gleichfalls zur Dokumentationsliteratur äußert, kommentiert ein Interview mit dem Produktionsleiter Clemens: „Liebe als etwas Gewachsenes, Dichtes, das zwei Menschen erst zu einem Ganzen macht: Jeder ist bereit, Kompromisse einzugehen, auf Kritik zu hören und vergißt doch nie, den anderen zu bewundern [...]. Es wird in diesen Büchern deutlich, daß Kinder für die heutige Partnerschaft [...] von großem Gewinn sind." (Hüttner 1986, 11)

Welche Eigenschaften trägt also die DDR-Männlichkeit, der „Familienvater"? Unisono halten die RezensentInnen fest, dass Männer sowohl in den Romanen und Erzählungen als auch in der Dokumentationsliteratur in einem Umbruch begriffen sind. Dabei werden durchweg drei Ebenen sichtbar, auf denen der neue Mann, der junge, sensible und emotionale „Familienvater" bestimmt wird: die außerhäusliche Arbeit, die Familienarbeit und das Verhältnis zur Partnerin. Während die Männer der Elterngeneration fast ausschließlich in den Betrieben verortet werden, wo sie mit dem Aufbau des Sozialismus beschäftigt sind und selbst dort teilweise als Versager wahrgenommen werden, wird der junge – meist dreißigjährige – „Familienvater" als eine Männlichkeit (re-)produziert, die einerseits fest in der sozialistischen Gesellschaft verankert ist und andererseits an ihrem Arbeitsplatz die Verantwortung vor den gesellschaftlichen Aufgaben nicht scheut. Der „Familienvater" sucht aktiv nach einem erfüllten Leben – auch

---

6   Auch jenseits des Literatur-Forums *ALTER ADAM – NEUER ADAM* wurden die Männerprotokolle von Müller und Lambrecht besprochen und diskutiert (vgl. hierzu u.a. Bernhardt 1987).

in seiner Tätigkeit, in der er sich täglich aufs Neue zu bewähren versucht, ohne dabei berechnend zu sein.

Ähnliches gilt für die Familienarbeit, denn so wie der „Familienvater" mit seiner Arbeit verbunden ist, so fest verknüpft ist er mit dem Haus beziehungsweise der gemeinsamen Wohnung. In diesem familiären Umfeld ist ihm Arbeitsteilung keine fremde Vorgehensweise. Vielmehr kommt dieses partnerschaftliche Agieren durch seine Eigenschaften – Solidarität, Fürsorglichkeit und Sorge um Familienangelegenheiten – überhaupt erst zum Tragen. Mit dem Eingehen einer Paarbeziehung ist die DDR-Männlichkeit nicht nur bereit, sich im Haushalt zu integrieren, sondern gleichfalls bei der Kindererziehung mitzugestalten. Demnach unterstützt er seine Partnerin einerseits bei der Bewältigung des alltäglichen Lebens – selbstredend erledigt er seine festen Familienaufgaben. Andererseits ist der „Familienvater" ein ‚Künstler' im Umgang mit den Kindern. Die Erziehung verläuft nicht nach patriarchalen Strukturen. Im Gegenteil: Er erzieht seine Kinder durch verständnisvolle Förderung oder mit Hilfe von lustigen, einfallsreichen und verrückten Spielen.

Aber nicht nur seinen Kindern räumt der „Familienvater" einen persönlichen Freiraum ein, sondern vor allem der Frau an seiner Seite. Gerade weil diese Generation von Vätern im Sozialismus aufgewachsen ist, so die RezensentInnen, ist ihnen die Emanzipation der Frau eine Selbstverständlichkeit geworden – die Berufstätigkeit ihrer Frauen ist eine jederzeit zu unterstützende Faktizität. Dies bedeutet einerseits, dass sich die DDR-Männlichkeit auf eine Gemeinschaft mit einer berufstätigen Partnerin eingestellt hat und andererseits, dass sie ‚voller Stolz ihre klugen und erfolgreichen Frauen' fördern. Dabei sind sie jedoch kompromissbereit, hören auf Kritik und vergessen doch nie, die Partnerin zu bewundern. Kurz gesagt: Der zur großen Liebe fähige „Familienvater" ist kein halbherziger Liebhaber, sondern ein toleranter, verständnisvoller und hilfsbereiter Partner an der Seite seiner Frau und der Mutter der Kinder.

Schließlich eine letzte Anmerkung. Die RezensentInnen identifizieren die literarischen Protagonisten als ‚Männergestalten aus Fleisch und Blut' und betonen, dass die DDR-Männlichkeit des „Familienvaters" nicht nur in der Dokumentarliteratur real existiert. Zwar würden die ‚neuen Wirklichkeitsverhältnisse' besonders in der dokumentarischen Literatur aufgespürt werden – die unmittelbare Authentizität wäre in den Interviews von Lamprecht und Müller zum greifen nah – doch auch in den Romanen und Erzählungen ließen sich überraschend viele neue Haltungen finden, die den Männern der gegenwärtigen Vätergeneration eigen wären. Dieses Beharren auf Realitätsgehalt ist insofern interessant, da teilweise die Grenzen zwischen tradierten gender-roles vollkommen verschwimmen. Die Männlichkeit „Familienvater" wird, durch feminisierend wirkende Zuschreibungen, zu einer grenzüberschreitenden Subjektkonstitution. Und so wundert es nicht, wenn diese Männlichkeit ‚ein fast mütterliches Vatergefühl' zu seinen Kindern entwickelt hat. Die Diskurse realisieren ihn, bis auf die scheinbar nicht zu überwindende biologische Geschlechterdifferenz (sex), als werktätige und erziehungsberechtigte Person. Anders formuliert: Der Topos der „werktätigen Mutter" könnte durch den des „werktätigen Vaters" ergänzt werden. Doch diese Differenzierung würde lediglich Aussagen über die biologische Geschlechtskonstitution (sex) erlauben, da die gender-roles als identisch erscheinen. Kurz gesagt: Würden die Narrative nicht so kategorisch auf der biologischen Differenz beharren, wäre die Dichotomie des Elterngeschlechtes aufgelöst – Binarität ist jedoch hartnäckig.

2. Demographische Wissensbestände und die Krise

Das diskursive Ereignis, der fürsorgende „Familienvater", der als neue und vor allem positiv besetzte Männlichkeit erscheint, wird jedoch vor einem sehr spezifischen Hintergrund, der demographischen Krise, produziert. In seiner 1985 erschienenen Veröffentlichung *Bevölkerungsreproduktion in der Deutschen Demokratischen Republik* führt der Demograph Thomas Büttner rückblickend aus: „Im Verlauf der demografischen Entwicklung der DDR ist der Anteil derjenigen Frauen, die mindestens ein Kind zur Welt bringen, gestiegen: Vom Geburtsjahrgang 1939 [...] haben fast 90% aller Frauen ein Kind oder mehrere Kinder geboren [...]. Im jüngeren Jahrgang 1946 hatten aber bereits zu Beginn der 80er Jahre 92% aller Frauen mindestens ein Kind geboren" (Büttner 1985, 60). Die „Mütterrate"[7] habe also beständig zugenommen beziehungsweise die „Kinderlosigkeit"[8] sei kontinuierlich gesunken – sie liege 1985 bei 8 Prozent. Dieser Prozess – Steigerung der „Mütterrate" einerseits, beziehungsweise die Absenkung der „Kinderlosigkeit" andererseits – sei Ausdruck der erfolgreichen Bevölkerungs- und Sozialpolitik der DDR, denn diese ziele darauf ab, sämtliche Frauen bei der Realisierung ihres Kinderwunsches zu unterstützen. Aber, so Büttner weiter: „Die Tendenz des Übergangs zur Familie mit verhältnismäßig geringer Kinderzahl" nehme weiter zu (Büttner 1985, 61).

Was sich hinter dieser allgemeinen Formulierung – Tendenz zur geringeren Kinderzahl – verbirgt, offenbart Wulfram Speigner in seinem Aufsatz *Bevölkerungspolitik und Bevölkerungsentwicklung seit 1976 in der DDR*. Seit Gründung

---

7   Die sogenannte „Mütterrate" bezeichnet den Anteil der Frauen, die mindestens ein Kind geboren haben. Sie gibt keine Auskunft über die tatsächliche Anzahl der Kinder, die eine Frau im Laufe ihres Lebens zur Welt gebracht hat.

8   Unter der Kategorie „kinderlose Frau" werden all diejenigen Frauen subsumiert, die aus unterschiedlichen Gründen (biologische, individuelle etc.) Zeit ihres Lebens kein Kind geboren haben. „Kinderlosigkeit" bezieht sich demnach auf biologische Verwandtschaftsverhältnisse und lässt beispielsweise die Betreuung nicht biologischer Kinder unberücksichtigt (vgl. zur Konstruktion und den fraglichen Erhebungsmethoden dieser Kategorie Konietzka/Kreyenfeld 2007).

der DDR, so Speigner, entstand „das Bedürfnis nach Berufstätigkeit der Frau, das ein entscheidender Stimulus für die Entwicklung ihrer kulturell-geistigen Bedürfnisse ist, und es wurde auch das Bedürfnis nach einem steigenden materiellen Lebensniveau der Familien stärker. Mit dem Wachsen dieser Bedürfnisse trat das Bedürfnis, Kinder zu haben, etwas zurück. Es orientierte sich jetzt nicht mehr auf die 2 bis 3-Kind-Familie, sondern auf die 1 bis 2-Kind-Familie." (Speigner 1981, 182) Diese Tendenz, wie Büttner formuliert und wie sie in Speigners Zahlen zum Ausdruck kommt, verursacht jedoch ein gravierendes Problem: Seit 1972 reichten die „Geburtenraten"[9] nicht mehr aus, so Gunnar Winkler, „um die einfache Reproduktion der Bevölkerung durch den Ersatz der Elterngeneration zu gewährleisten. Geht man davon aus, daß dafür von 1000 Frauen 2100 Geburten erforderlich sind, werden die für die DDR entstandenen Probleme deutlich." (Winkler 1989, 192) Und weiter heißt es bei Winkler: „Diese Entwicklung lag sowohl in der steigenden Berufstätigkeit der Frau, dem sprunghaften Anwachsen ihres Bildungsniveaus, aber auch in den gerade für junge Leute noch vorhandenen langen Wartezeiten auf eine Wohnung begründet." (Winkler 1989, 192)

Das Problem beziehungsweise die demographische Krise, die sich in der DDR zuspitzte, bestand demnach aus zwei Komponenten, die ursächlich, so die DDR-Demographen, mit einer spezifischen Sozial-, Frauen- und Familienpolitik korrespondierten. Die erste Komponente besteht darin, dass infolge einer intensiven Frauen-Förderpolitik die „Mütterrate" stark angestiegen war – seit den 1950er Jahren bekamen also mehr Frauen mindestens ein Kind. Diese Förderpolitik, die mit den ersten SMAD-Befehlen (gleicher Lohn für Mann und Frau) beginnt, über die Verankerung der Gleichstellung von Mann und Frau in der „Verfassung der DDR" fortgeschrieben wird und ihre ersten sozialpolitischen Konturen im „Gesetz zum Schutz der Mutter und des Kindes" von 1950 erfuhr, wurde über Arbeitsschutzbestimmungen sowie diverse Aus- und Weiterbildungsoffensiven für Frauen, den Ausbau von Kindertagesstätten oder die finanzielle Unterstützung von Frauen mit Kindern (Kindergeld) fortgeschrieben (vgl. Winkler 1989; Helwig 1995; Trappe 1995). Eine detaillierte Chronologie der Förderpolitik ist an dieser Stelle nicht nötig, da der Hinweis genügt, dass diese und weitere Maßnahmen im Verlauf des 40jährigen Bestehens der DDR erweitert und ausgebaut wurden. Das Ziel dieser Maßnahmen bestand darin, die Frauen in den Arbeitsmarkt zu integrieren. Einerseits, weil es in der DDR, als Folgen des II. Weltkriegs und der Binnenmigration (Ost-West-Bewegung), stets an Arbeitskräften mangelte. Andererseits, weil ein sogenannter „enormer Frauenüberschuss" innerhalb der Bevölkerungsstruktur der DDR existierte, der es

---

9   Der Begriff der „Geburtenrate", „Geburtenziffer" oder aber „Fruchtbarkeitsziffer" bezeichnet die Zahl der Lebendgeborenen pro Jahr und 1000 Frauen. Sie bezieht sich auf jene Frauen, die im sogenannten „gebärfähigen Alter" (15 bis 44 Lebensjahre) sind.

notwendig machte, so Winkler, diese Ressourcen zu nutzen (vgl. Winkler 1989, 193).

Die zweite Komponente der demographischen Krise besteht nun darin, dass infolge der sozialpolitischen Maßnahmen eine sehr spezifische Frauenrolle, die „werktätige Mutter", hergestellt wurde. Das Betätigungsfeld der „werktätigen Mutter" war in folgendem Koordinatensystem aufgespannt: Einerseits produzierte sie an einem „frauenspezifischen" Arbeitsplatz (Textilverarbeitung, Kinderbetreuung oder aber medizinische Dienste), andererseits war sie mit der häuslichen Betreuungsarbeit der Kinder beschäftigt (vgl. Helwig 1995; Trappe 1995; Schwartz 2005). Gleichwohl der überwiegende Teil der Kinder tagsüber, also während der betrieblichen Arbeitszeit der Mütter, in staatlichen Einrichtungen betreut wurde, lag die familiäre Betreuungsarbeit bei den Frauen. Doch genau diese Doppelbelastung der Frau, betriebliche und häusliche Arbeit, führte, so Speigner und Winkler, zu einem Wandel der Familienstrukturen: Während in den 1950er und 1960er Jahren noch die ‚klassische Drei- beziehungsweise Mehr-Kind-Familie' die Norm bildete, löste sich diese Struktur in den 1970er und 1980er Jahren zugunsten einer ‚Ein- bis Zwei-Kind-Familie' auf. Warum? Weil die Arbeitszeiten – betriebliche und häusliche – addiert, das tägliche Zeitbudget der Frau enorm beanspruchten. Anders formuliert: Die „werktätige Mutter", die zwischen Arbeitsstelle, häuslicher Arbeit und Weiterbildungsmaßnahmen eingespannt war, hatte, so die Deutungen der DDR-Demographen, schlicht keine Zeit, um mehr als zwei Kinder zu bekommen und zu versorgen (vgl. Winkler 1989, 189).

Während in den 1950er Jahren bei einer relativ geringen „Mütterrate" mehr ‚Drei- beziehungsweise Mehr-Kind-Familien' existierten, verzeichnen die DDR-Bevölkerungswissenschaftler in den 1970er und 1980er Jahren eine hohe „Mütterrate" aber weniger ‚Mehr-Kind-Familien'. Doch gleichwohl mehr Mütter ein Kind bekamen („Mütterrate"), stieg die Gesamtgeburtenzahl („Geburtenrate") nicht an, sondern sank kontinuierlich und fiel unter das einfache ‚Ersatzniveau der Bevölkerungsreproduktion' (Ersatz der Elterngeneration wurde nicht gewährleistet – 2,1 Kinder pro Frau). Genau diese Entwicklung führte jedoch die DDR in eine demographische Krise, da, so die Demographen, gerade die ‚Mehr-Kind-Familien' für das Ansteigen zumindest aber ein hohes Niveau der „Geburtenrate" (2,1 Kinder pro Frau) von zentraler Bedeutung war. Ursächlich für diese Entwicklung, so die DDR-Bevölkerungswissenschaftler, sei die ‚steigende Berufstätigkeit der Frau' sowie deren ‚sprunghaft anwachsendes Bildungsniveau'. Kurz gesagt: Jene sozialpolitischen Maßnahmen, die in der DDR unter dem Stichwort „Emanzipation der Frau" verhandelt wurden (gleicher Lohn für alle, Gleichstellung von Mann und Frau oder aber Aus- und Weiterbildungsoffensiven), führten in der Interpretation der Demographen zu einer demographischen Krise – Sinken der „Geburtenrate" – und wirkten aus ihrer Sicht kontraproduktiv.

3. Die sozialpolitischen Antworten

Die soeben skizzierte Krise, ihre Ursachen und Folgen waren den DDR-Demographen seit Mitte der 1970er Jahre bekannt. Doch wie konnte, so fragten sich die Bevölkerungswissenschaftler, dieser Entwicklung begegnet werden – immerhin drohte eine Reduzierung der dringend benötigten Bevölkerung? Grundsätzlich, und dies war den Bevölkerungswissenschaftlern bekannt, steckten sie in einem Dilemma: Sie wussten zum einen, dass die ‚Berufstätigkeit der Frau und das sprunghafte Anwachsen ihres Bildungsniveaus' emanzipatorische Werte darstellten, die an die Forderungen der Arbeiterbewegung anknüpften.[10] Zum anderen aber führte jene Gleichstellungs- beziehungsweise Förderpolitik zu einem demographischen Problem, das die Existenz des gesamten Staates infrage stellte. Wie also wurde reagiert?

„Ausgehend vom IX. Parteitag" der SED 1976, so Winkler, „wurden systematisch die Leistungen des sozialistischen Staates zur Unterstützung von Familien ausgebaut." (Winkler 1989, 192) Dieser Ausbau beinhaltete im Wesentlichen folgende Maßnahmen: die Fortführung und Intensivierung des Wohnungsbauprogramms, die „Verlängerung des Schwangerschafts- und Wochenurlaubs von 18 auf 26 Wochen bei voller Zahlung des Nettoverdienstes", die „Einführung einer bezahlten Freistellung bis zum Ende des 1. Lebensjahres bei Geburt des 2. und weiterer Kinder (Babyjahr)", die „finanzielle Unterstützung von Müttern, falls eine Betreuung in Kindereinrichtungen nicht möglich war" und schließlich die „Einführung der 40-Stunden-Arbeitswoche für 450000 berufstätige Mütter mit 2 und mehr Kindern" (Winkler 1989, 194).

Diese Maßnahmen, die 1976 beschlossen wurden, führten im Ergebnis zu einer Erhöhung der Geburtenzahlen (vgl. Winkler 1989, 194). Doch dieses kurzfristige Bevölkerungswachstum, dessen Wachstumsrate 1980 ihren Höhepunkt erreicht hatte, wurde letztendlich über die Verschärfung der Doppelrolle der Frau erzwungen. Denn bis auf das Wohnungsbauprogramm, das sich an junge Paare richtete, schrieben alle weiteren Maßnahmen – Verlängerung des Schwangerschafts- und Wochenurlaubs, „Babyjahr" für Mütter, finanzielle Unterstützung von Müttern und die 40-Stundenwoche für berufstätige Mütter – die bisher entwickelten Steuerungsmechanismen fort und kannten nur ein Interventionsobjekt: die „werktätige Mutter". Gleichwohl den Demographen die auf längere Sicht negativen Wirkungen der bisherigen Frauen-Förderpolitik bekannt waren – Rückgang der „Geburtenrate" –, kam es zu keiner Abkehr, sondern zu einer Intensivierung der bekannten Förderstrukturen.

Die erhoffte Wirkung, die Erhöhung der „Geburtenrate", ließ jedoch Anfang der 1980er Jahre nach, beziehungsweise kehrte sich in ihr Gegenteil um (vgl.

---

10 Vgl. zu den historischen Entwürfen einer ‚Frau im Sozialismus' u.a.: Bebel 1879. Vgl. zu den Bezugnahmen auf diese Entwürfe in der DDR u.a. Autorenkollektiv 1977.

Winkler 1989, 224). Diese Erkenntnis führte in den 1980er Jahren zu einer Wende in der Sozialpolitik, denn unmittelbar „in Vorbereitung des XI. Parteitags der SED", im Jahr 1985, „erließ der Ministerrat weitere Maßnahmen auf bevölkerungspolitischem Gebiet, die in Anlehnung an die 1984 beschlossenen Maßnahmen neue Linien setzten beziehungsweise diese fortführten." (Winkler 1989, 224) Zum einen bestand die neue Linie darin, dass Familien mit drei und mehr Kindern Lebensbedingungen ermöglicht werden sollten, die annähernd jenem Lebensniveau entsprachen, das Familien mit weniger Kindern aufwiesen. Anders formuliert: Familien mit mindestens drei Kindern wurden durch die Erhöhung des Kindergeldes finanziell stärker als bisher unterstützt. Zum anderen aber manifestierte sich die neue Linie darin, dass seit dem 28. April 1986 „die volle Entscheidungsfreiheit der Familien über die Inanspruchnahme des Babyjahres durch einen Ehepartner" eingeführt wurde (Winkler 1989, 224).

Hierzu heißt es im Gesetzestext Paragraph 11, Absatz 1: „Die entsprechend den Rechtsvorschriften zu gewährende bezahlte Freistellung von der Arbeit nach dem Wochenurlaub und zur Pflege erkrankter Kinder können in begründeten Fällen, insbesondere aus Gründen der beruflichen Tätigkeit der Mutter, auch [die] Ehegatte[n] [...] in Anspruch nehmen." Der 2. Absatz wiederum regelt die finanzielle Unterstützung: Die Höhe der Unterstützung für die Ehegatten „richtet sich nach dem Anspruch auf Krankengeld, den sie bei eigener Arbeitsunfähigkeit wegen Krankheit haben." (Gesetzblatt vom 28. April 1986, 242)

Die entsprechende Rechtsvorschrift sah zum einen vor, dass nunmehr Väter wie Mütter einen Anspruch auf die Gewährung eines „Babyjahres" bereits bei der Geburt des ersten Kindes haben. Zum anderen wurde die bezahlte Freistellung von Vätern oder Müttern im Falle der Erkrankung des Kindes geregelt. Gewiss, der Gesetzestext exkludierte bestimmte Väter, denn er spricht nur von ‚Ehegatten', schließt also unverheiratete Männer aus. Doch diese Exklusion sollte nicht lange bestehen, da bereits am 10. Juli des selben Jahres ein Nachtrag beschlossen wurde, der sich auf sämtliche Väter bezog: „Wurde die Freistellung von der Arbeit nach dem Wochenurlaub gemäß den Rechtsvorschriften anstelle der Mutter durch den Ehegatten [...] oder einen anderen Werktätigen in Anspruch genommen, werden diesen Werktätigen die Zeiten der Freistellung auf die Dauer der Betriebszugehörigkeit oder der Tätigkeit in einem bestimmten Beruf, Zweig der Volkswirtschaft beziehungsweise anderen Bereich angerechnet." (Gesetzblatt vom 14. August 1986, 361) Hier sprach man nun nicht mehr ausschließlich vom Ehegatten, sondern von den ‚Werktätigen', deren Freistellung von der Arbeit berücksichtigt werden sollte.

Mit diesen Regelungen wurde eine entscheidende Wende innerhalb der Sozialpolitik eingeleitet, denn seither lag „es ausschließlich im Ermessen der Familien, ob Vater [oder] Mutter [...] des Kindes das Babyjahr in Anspruch nehmen" wollten, beziehungsweise wer von beiden Elternteilen die Kinder im Krankheitsfall betreuen würde (Winkler 1989, 224). Diese gesetzlichen Regelungen zur bezahlten Freistellung der Väter im Krankheitsfall des Kindes sowie die Möglichkeit, nach der Geburt des Kindes, das 12- beziehungsweise 18-monatige „Babyjahr" in Anspruch nehmen zu können, lassen jenen Rahmen erkennen, in dem der „Familienvater" konstituiert wird. Jene Konturen besagen, dass er zum einen Pflege- und Betreuungsarbeit leisten solle und zum anderen intensiver in die Familien sowie die Familienarbeit integriert werden müsse – kurz: er habe die Frau oder „werktätige Mutter" stärker als bisher zu entlasten. Im Effekt, so die Kalkulation, werde diese zur Gründung von ‚Mehr-Kind-Familien' angehalten beziehungsweise stimuliert. Der „Familienvater" fungierte also als eine Art Agent, der zwischen demographischen Wissensbeständen und sozialpolitischen Maßnahmen einerseits, sowie der „fertilen" aber „reproduktionsunfreudigen" – weil „emanzipierten" – Frau und „werktätigen Mutter" andererseits, situiert wurde. Dabei war sein hauptsächliches Aktionsfeld, das er künftig einnehmen sollte, zwischen Arbeitsstelle und Familie, sprich ‚Mehr-Kind-Familie' aufgespannt.

4. Die Identifizierung des „Familienvaters"

Diese neue Männlichkeit, die in jenem Moment auftauchte, da die pronatalistische Bevölkerungspolitik in eine schwere Krise geriet, wird in den eingangs zitierten Romanen, Erzählungen und Rezensionen (re-)produziert und stabilisiert. Doch nicht nur mit dem LITERATUR-FORUM, ALTER ADAM – NEUER ADAM begleitet die Zeitschrift *Für Dich* die Suche nach der neuen Männlichkeit. Bereits ein halbes Jahr nach Einführung der Gesetzesnovelle zur Freistellung der Eltern, veröffentlichte die *Für Dich* mehrere Reportagen über ‚Mehr-Kind-Familien', junge Paare, die eine Familie gründen wollen, oder aber junge Familien, die sich das „Babyjahr" teilen.

So erscheint beispielsweise in der Rubrik *Beruf und Familie – was uns fördert, was uns hemmt* eine Reportage über die Familie Hartfelder (vgl. Schwarz 1986, 24). Die Hartfelders treten als eine fünfköpfige „Muster-Familie" in Erscheinung in der „Vater Friedhelm und die beiden Großen Andrea und Nick die ‚Babyschicht' [übernehmen]." (Schwarz 1986, 24) Wie junge Paare zu einer Familie werden, zeigt wiederum die Fotoreportage *Auf dem Weg zur Familie*, die Annette Uhlemann und Falk Wöhlmann ein halbes Jahr porträtierend begleitete (Schwarz 1987, 7). Annette und Falk sind Studenten, die „wissen, wieviel Disziplin und eigenen Willen es braucht, damit weder das Kind noch ihr Studium zu kurz kommen." Und sie sind vor allem ein Paar, das häufig seine gender-roles tauscht: Wenn „Annette in der neuen Wohnung malert [...] hat Falk ‚Babydienst'" (Schwarz 1987, 10). Gerahmt werden diese Reportagen von Artikeln wie: *Männer, Männer, Männer* (Redaktion 1987, 18) oder aber *Typisch Frau? Typisch Mann?* (Redaktion 1987a, 27), in denen nach dem Verhältnis zwischen Frau und Mann gefragt wird, oder einem Gespräch mit Jutta Gysi, der Leiterin der Forschungsgruppe „Familie", über den neuen Typ Mann.

Schließlich wird unter der Überschrift: *Im ‚Vaterjahr'* die Familie Werthmann vorgestellt, denn diese „haben sich die achtzehnmonatige Freistellung für ihr drittes Kind geteilt. Sie nutzen somit die Möglichkeit, die unsere Gesellschaft jungen Paaren einräumt, selbst zu entscheiden, wer das Babyjahr übernimmt." (Schwarz 1987a, 6) Die verantwortliche Redakteurin Gislinde Schwarz führt in diesem Zusammenhang aus, dass Gabi und Peter Werthmann sich ihre „Entscheidung nicht leicht gemacht" haben – sie handeln also überlegt und verantwortungsbewusst (Schwarz 1987a, 8). Doch was beschreibt einen so agierenden Mann? Das Wissen, so die Redakteurin, dass er nur „in der Familie [...] durch niemanden ersetzbar" sei. Sicher, „Erfolgserlebnisse und Bestätigung" im Arbeitskollektiv seien auch für Peter Werthmann wichtig, doch „solange die Kinder klein sind", möchte Peter Werthmann „nicht laufend abends unterwegs sein" (Schwarz 1987a, 8).

Also entschied er sich im Oktober 1986 für das „Babyjahr" und erklärte seinem Chef rechtzeitig, „daß er ab Januar das Babyjahr übernehmen will." Und weiter heißt es: „Drei Monate Zeit für die Leitung, die Arbeit anders zu organisieren [...]. Um so wichtiger für die Werthmanns, daß sie von Anfang an spürten, ihre Entscheidung wurde nicht nur akzeptiert, sondern auch geachtet." (Schwarz 1987a, 9) Der Hinweis auf die Akzeptanz der Leitung und des Arbeitskollektivs scheint wichtig, denn, so die Redakteurin, woher „soll ER" den „Mut nehmen?" (Schwarz 1987a, 9) Schließlich will die Redakteurin klären, was Peter Werthmann „am Vaterjahr [reizte?]" Beispielsweise die „Möglichkeit, sich mal ‚hauptberuflich' mit der Familie zu beschäftigen. Man habe mehr von den Kindern, das Verhältnis ist in dieser Zeit intensiver. Dies sei denn auch eine wichtige Basis für die Zeit danach. Verantwortung für die Gemeinschaft übernehmen, auch dafür, daß Gabi sich in ihrem Beruf genauso entwickeln könne wie er." (Schwarz 1987a, 9)

Die narrativen Parallelen zwischen Friedhelm Hartfelder, Falk Wöhlmann und Peter Werthmann auf der einen Seite und den literarischen Protagonisten, die in den Rezensionen zum „Familienvater" die neue DDR-Männlichkeit beschreiben, auf der anderen Seite, sind evident. Diese Formen der neuen DDR-Männlichkeit erscheinen als junge, verantwortungsbewusst handelnde Subjekte, die in der sozialistischen Gesellschaft sowohl in die Arbeits- als auch die Familiengemeinschaft integriert sind. Sie werden als Individuen bestimmt, die aktiv nach einem erfüllten Leben suchen, sich nicht ausschließlich über ihre Arbeit definieren, sondern um ihre Unersetzbarkeit innerhalb der Familie wissen. Vor diesem Hintergrund, aber auch durch ihren offenen Umgang mit den jeweiligen Gemeinschaften, schöpfen sie Vertrauen in sich und können so die ‚Fürsorglichkeit' und den ‚Familiensinn', die in ihnen stecken, entdecken. Sie sind fest verbunden mit dem familiären Umfeld, in dem Arbeitsteilung und partnerschaftliches Agieren zentrale Voraussetzungen für ein gemeinsames Leben darstellen. Dies beinhaltet die gemeinsame Erziehung und Betreuung der Kinder, sowie die Erledigung der alltäglichen Aufgaben im Haushalt. Dabei sei ihnen die Emanzipation der Partnerin genauso wenig fremd, wie die eigene. Voller Liebe unterstützen sie jederzeit ihre berufstätigen Frauen und sind gleichzeitig ‚stolz auf ihre klugen' Partnerinnen. Ihre Hybridität, die nicht nur in den Tauschpraktiken von gender-roles aufgeht, lässt sie vollkommen Neues erschließen: ‚mütterliche Vatergefühle', Freude an ‚Babyschichten' oder aber Emotionalität und Zweifel.

Diese Eigentümlichkeiten, die in den Narrationen von der neuen Männlichkeit auftauchen, treten auch in sozialwissenschaftlichen Studien dieser Zeit in Erscheinung. Dort wurde der „Familienvater" aufgespürt, nunmehr quantitativ ermittelt und als diskursives Ereignis (re-)produziert – beispielsweise in der empirischen Studie zur *Frauen- und Familienentwicklung in der DDR*, die Jutta Gysi 1988 veröffentlichte. Hier taucht besagte Männlichkeit unter anderem unter der Kategorie „Wertesystem" auf: Den befragten „Männern [ist] ihre Vater- und Familienrolle mehrheitlich ein Bedürfnis, zur Bereicherung ihres eigenen Lebens geworden. [...] Alternativ befragt sind für rund 62% der Frauen und über 70% der Männer Arbeit und Familie in gleichem Maße wichtig." (Gysi 1988, 94) Ähnliches gilt für die Kategorie „Erwartungen an Partnerschaft und Familienleben": Unterschiedslos erwarten sie „gegenseitige Achtung, Liebe, Treue und so gut wie alle jungen Paare wünschen sie sich Kinder. [...] Nach gegenseitiger Achtung und Liebe wünschen sich Mädchen und Jungen (!) eine gute Arbeitsteilung im Haushalt." (Gysi 1988, 100)

Gysi möchte wissen, ob die Werte und Erwartungen auch mit der „tatsächlichen häuslichen Arbeitsteilung" korrespondieren. Es setze „sich die Tendenz fort", so die Autorin der Studie, „daß in den Familien der DDR relativ viel Hausarbeit geleistet wird, was mit einer geschlechtsspezifischen Arbeitsteilung einhergeht. Während sich bei der Kindererziehung rasche Veränderungen zugunsten einer gleichmäßigen Arbeitsteilung zwischen Mann und Frau vollzogen haben, gleicht sich geschlechtstypisches Verhalten hier sichtlich langsamer an. Die einst frauentypischen Arbeiten in der Wohnung werden auch heute noch überwiegend von der Frau erledigt [...]. Männer sind vor allem für die Pflege und Wartung von Sachwerten [...] verantwortlich" (Gysi 1988, 101). Doch auch hier kommt Gysi zu dem Fazit, dass sich „deutliche Ansätze einer Veränderung der traditionellen Arbeitsteilung erkennen lassen. Von beiden Partnern gemeinsam oder abwechselnd erledigt werden z.B. Einkäufe, Erledigungen in Dienstleistungseinrichtungen, Heizen, Geschirrspülen und kleinere Verrichtungen im Haushalt." (Gysi 1988, 102) Gewiss, „Verhaltensweisen, die über Jahrtausende gewachsen und tief in [der] Kultur" verankert seien, ließen sich, so Gysi in einem bereits 1987 geführten Interview mit der *Für Dich*, „nicht innerhalb weniger Jahrzehnte völlig beseitigen, zumal geschlechtsspezifische Auffassungen in gewissem Umfang weiter reproduziert" würden (Redaktion 1987a, 28). Dennoch hält sie, auf Grundlage ihrer Studien, an der grundsätzlichen Aussage fest, dass sich die geschlechtstypischen Verhaltensweisen in der DDR und das Verhältnis der Geschlechter „zueinander gewaltig gewandelt haben." (Redaktion 1987a, 28)[11]

Die Fahndung nach dem „Familienvater" und dessen nachträgliche Identifizierung in den Statistiken der DDR hält bis in die 1990er Jahre an. Ein beredtes Beispiel liefert der Artikel *Leitbild: berufstätige Mutter – DDR-Frauen in Familie, Partnerschaft und Ehe* von Jutta Gysi und Dagmar Meyer. Zwar gehen die Autorinnen davon aus, dass aus den „ohnehin spärlichen Hausarbeitsberechnungen der DDR-Statistik [schwerlich] herzulesen" sei, wie die häusliche Arbeitsteilung gestaltet wurde (Gysi 1993, 158). Dennoch kommen sie zu dem Ergebnis, dass seit Mitte der 1980er Jahre eine Wende in der „Arbeitsteilung in der Familie" zu verzeichnen ist. Es war, so ihr Argument, „in DDR-Haushalten nicht zu umgehen, daß sich auch die Männer an der Familienarbeit beteiligten. Der Zeitfonds voll erwerbstätiger Frauen war äußerst knapp bemessen und reichte in aller Regel nicht aus, um die Familienpflichten ohne Hilfe des Mannes zu erfüllen [...]. Auch für viele Männer fing die eigene Feierabendfreizeit erst dann an, wenn beide mit der Arbeit fertig waren." (Gysi/Meyer 1993, 158f.) Ähnlich hatte Gysi bereits 1988 argumentiert, als sie mit Hilfe ihrer quantitativen Studie die Konturen der neuen Männlichkeit in den empirischen Datensätzen extrapolierte. Wie Diskurse wirken, lässt sich nicht immer genau beurteilen. Dass sie wirken, offenbaren zumindest Gysi und Meyer, die trotz spärlicher Datenlage von einem empirisch nachweisbaren Wandel sprechen.

5. Epilog

Der „Familienvater" ist, dies zeigt die Vielfalt der analysierten Quellen, ein polymorphes Diskursereignis, dessen Facetten in den untersuchten Buchrezensionen, Reportagen, Diskussionsreihen, Zeitungsinterviews aber auch in den zitierten Romanen, Erzählungen und Kurzgeschichten (re-)produziert werden. Parallel zu diesen Narrationen verlaufen jene bevölkerungswissenschaftlichen Diskurse, die von einer spezifischen Männlichkeit reden, die jene zuvor beschworene demographische Krise abwenden soll – konkret, dem „Familienvater". Des Weiteren wird das Diskursereignis „Familienvater" über juridische Konstruktionsmechanismen, die auf die demographischen Wissensbestände rekurrieren, konkretisiert und rechtskräftig ausgestaltet. Darüber hinaus tauchen

---

11 Vgl. zur gegenteiligen Position, derzufolge die gesellschaftlichen, schulischen und familiären Strukturen eher die bestehenden Frauen- und Männerbilder reproduziert und stabilisiert haben u.a. Nickel 1988.

dessen quantitative Strukturen in den Statistiken sozialwissenschaftlicher Studien auf, werden verfeinert und diskursiviert. Welche dieser Narrative, die unter anderem durch DEFA-Spiel- und Dokumentarfilme ergänzt werden,[12] den Ursprung des Diskursereignisses repräsentieren, ist schlicht nicht zu beantworten. Sicher ist nur eines: Die Diskurse, die den „Familienvater" produzieren, bündeln, beschränken oder verschränken, stimulieren sich wechselseitig und lassen die neue Männlichkeit entstehen.

Doch welche Wirkungen zeitigen diese Diskurse? Zum einen, ganz allgemein formuliert, stellen die Redeweisen vom „Familienvater" die herrschenden Stereotypen von Männlichkeiten in Frage. Der junge, verantwortungsbewusst handelnde, in die Arbeits- und Familiengemeinschaft fest integrierte, aktiv nach einem erfüllten Leben suchende, sich nicht über die Arbeit, sondern im Wechselspiel zwischen emanzipierter Frau und Kindern einerseits und beruflichen Erfolg andererseits definierende „Familienvater", der offen im Umgang mit unterschiedlichsten Gemeinschaften kommuniziert und ‚Fürsorglichkeit' sowie ‚Familiensinn' an sich entdeckt und dabei voller Liebe mit seiner Partnerin die gender-roles tauscht, steht im klaren Kontrast – so betonen es die RezensentInnen und SozialwissenschaftlerInnen – zu den herkömmlichen Männerbildern jener Zeit. Dies gilt sicherlich für die Buchrezensionen, Reportagen, Diskussionsreihen, Zeitungsinterviews oder Romane und Erzählungen, deren Narrationen in die Alltagserzählungen eindrangen, Konventionen irritierten und außer Kraft setzten.

Zum anderen, jenseits dieser literarischen Interventionen, wirkten die Diskurse im Sinne einer Arithmetisierung des Politischen. Die drohende demographische Krise, die von den Bevölkerungswissenschaftlern vornehmlich im Futur II formuliert wurde, ließ die Zukunft als berechenbar erscheinen: Künftig würde ein bestimmter Prozentanteil der „fertilen" Frauen Kinder gebären – oder aber – soundsoviel Prozent der Frauen würden „kinderlos" bleiben – lauteten die Prognosen, in denen „Mütterraten", Zahlen zur „Kinderlosigkeit" oder „Geburtenraten" miteinander verglichen, abgewogen und ins Verhältnis gesetzt wurden. Und nicht nur die Zukunft wurde mathematisch eingefangen und mit Hilfe von Statistiken vermessen, sondern gleichfalls die Lösungsvorschläge, die zur Abwendung der künftigen Bedrohung angewandt werden mussten und in Form von demographischen Expertisen daherkamen: Um der Krise, dem Geburtenrückgang, zu begegnen, sind soundsoviel Prozent reproduktionsfähige Männer, die ihre Partnerin unterstützen, nötig. Diese demographischen Wissensbestände, die statistischen Abschätzungen bildeten die Grundlage der sozialpolitischen Maßnahmen, die als juridische Praktiken auftreten. Und eben jenen Praktiken ist ein

---

12 Vgl. hierzu unter anderem den Spielfilm *Wir sind fünf*, der 1988 von Richard Engel gedreht wurde und von einer Mutter mit vier Kindern erzählt, die einen neuen „Familienvater" kennenlernt.

jeweils spezifisches Kalkül, die demographische Expertise, eingeschrieben. Jene Interventionen sollen schließlich dergestalt wirken, wie es die Expertisen erfordern und berechnet haben. Demnach verläuft die Regierung und Regulierung des Bevölkerungskörpers eher als ein mathematisches, denn als ein ideologisch aufgeladenes Planspiel.

Die Zahlenspiele auf der Makroebene, die in den juridischen Regelungen die demographischen Kalküle einschließen und gleichzeitig repräsentieren, schlagen auf die Mikroebene – Familie – durch. Denn als Effekt der ausgegebenen sozialpolitischen Maßnahmen erscheint der „Familienvater", dessen Aktionsrahmen die rechtlichen Regelungen vorgeben und dessen Handeln sie determinieren. Als Agent der demographischen und sozialpolitischen Kalküle soll er die „emanzipierte" aber „reproduktionsunfreudige", „fertile" Frau und „werktätige Mutter" zur „Fortpflanzung" stimulieren. Die Rechnung scheint einfach: Indem er das häusliche Arbeitsfeld als seinen Betätigungsort erkennt und somit seiner Frau Arbeit abnimmt, beziehungsweise Zeit und Freiräume schenkt, kann sie diese für die dringend notwendige Reproduktionsarbeit nutzen – den Berechnungen der familiären Zeitbudgets sei Dank. Somit strukturieren nicht nur die mathematischen Planspiele den Mikrokosmos Familie, vielmehr kommt es zu einer wechselseitigen Rückkoppelung und Beeinflussung von Makro- und Mikroebene. Denn über die Intervention auf die Familie realisiert sich die Regulierung des Bevölkerungskörpers (vgl. Foucault 2004, 168f.).

Schließlich eine letzte Anmerkung zu den Taktiken des Diskurses. Die frühen demographischen Wissensbestände, die der 1960er und 1970er Jahre, die gemeinsam mit den geschilderten und hinlänglich bekannten sozialpolitischen Praktiken auftraten, kannten ausschließlich ein Interventionsobjekt – die Frau im Sozialismus. Deren Taktik verlief, schematisch formuliert, wie folgt: Das ‚Bedürfnis der Frau nach Berufstätigkeit und nach kulturell-geistiger Weiterbildung' – sprich Emanzipation – wird über die sogenannten sozialpolitischen Errungenschaften realisiert. Im Tausch für diese Art von „Bedürfnisbefriedigung" bekam der Staat einerseits Kinder, die er andererseits in seinen Betreuungseinrichtungen oder Disziplinaranstalten (Kinderkrippen, Kindergärten oder Schulen) zu sozialistischen Bürgern erziehen konnte. Emanzipation und Partizipation, so könnte man sagen, gibt es nicht umsonst, sondern nur für Staatsbürger. Doch welche Taktik verbindet sich mit den Diskursen um den „Familienvater"? Das neue Männerbild brach mit dem starren Korsett der patriarchalen Strukturen und öffnete dem Mann weite Spielräume, die er im Miteinander mit den unterschiedlichen Gemeinschaften – Familie, Arbeitskollektiv oder Freundeskreis – nutzen, aushandeln und gestalten konnte. Gewiss, die Männlichkeit des „Familienvaters" setzte auch Grenzen. Doch besonders innerhalb der Partnerschaft – Tausch der gender-roles – breitete sich ein Experimentierfeld aus, auf dem sich die vormaligen Männerbilder in Frage stellen oder vollkommen außer Kraft setzen ließen. Kurz gesagt: Die harten Brüche zwischen den gender-roles verschwimmen – die Differenzen zwischen der „werktätigen Mutter" und dem „werktätigen Vater" beispielsweise sind marginal. Doch dafür musste er als Verbindungsglied zwischen den demographischen Wissensbeständen und sozialpolitischen Praktiken auf der einen Seite und der „fertilen" „werktätigen Mutter" auf der anderen Seite agieren und die Frau in ihrer Funktion als „Reproduktionsmaschine" (Schmidt 2009) unterstützen.

Literatur

Albrecht, A. et al.: Mein ganzes schönes Sanssouci. Geschichten von uns. Berlin, Weimar 1986.

Autorenkollektiv: Die Frau im Sozialismus. Informationen, Fakten, Zahlen über die Gleichberechtigung in der DDR. Dresden 1977.

Bebel, A.: Die Frau und der Sozialismus. Zürich u.a. 1879.

Becker, E.-M.: Väter und Söhne. In: Für Dich. Illustrierte Zeitschrift für die Frau 31(1986), S. 10-11.

Belwe, K.: 40 Jahre Gleichberechtigung der Frauen in der DDR. In: Deutsche Studien 110(1990), S. 143-163.

Bernhardt, R.: Männerprotokolle. In: Weimarer Beiträge 9(1987), S. 1417-1423.

Blume, S.: Andere Zeiten – andere Männer. In: Für Dich. Illustrierte Zeitschrift für die Frau 31(1986), S. 10.

Borst, M.: Männergestalten aus Fleisch und Blut. In: Für Dich. Illustrierte Zeitschrift für die Frau 28(1986), S. 10-11.

Bruyn, G. de: Märkische Forschungen. Erzählung für Freunde der Literaturgeschichte. Halle, Leipzig 1978.

Budde, G.-F.: Zwischen den Stühlen. Die *Frau von heute* und *Für Dich* in den fünfziger und sechziger Jahren. In: Barck, S./Langermann, M./Lokatis, S. (Hg.): Zwischen „Mosaik" und „Einheit". Zeitschriften in der DDR. Berlin 1999, S. 129-137.

Büttner, T.: Bevölkerungsreproduktion in der Deutschen Demokratischen Republik. Berlin 1985.

Diemer, S.: Die „neue Frau", aber der „alte Mann"? Frauenförderung und Geschlechterverhältnisse in der DDR. In: Wehling H.-G. (Hg.): Politische Kultur in der DDR. Stuttgart u.a. 1989, S. 110-128.

Dölling, I.: Gespaltenes Bewußtsein – Frauen- und Männerbilder in der DDR. In: Helwig, G./Nickel, H.M. (Hg.): Frauen in Deutschland 1945-1992. Berlin 1993, S. 23-52.

Eckert, W.: Familienfoto. Halle, Leipzig 1982.

Felt, M.: „Schwache" Männer in guten Büchern. In: Für Dich. Illustrierte Zeitschrift für die Frau 28(1986), S. 10-11.

Foucault, M.: Vorlesung 4, Sitzung vom I. Februar 1978. In: Ders.: Geschichte der Gouvernementalität I. Sicherheit, Territorium, Bevölkerung. Vorlesung am Collège de France 1977-1978. Frankfurt/M. 2004, S. 134-172.

Gehling, R.: Fremde im eigenen Land. Soziale Anpassungsprozesse homosexueller Männer aus der ehemaligen DDR. München, Wien 1993.

Gesetzblatt vom 14. August 1986: Verordnung über die Anrechnung von Zeiten der Freistellung von der Arbeit nach dem Wochenurlaub auf die Dauer der Betriebszugehörigkeit vom 10. Juli 1986. In: Gesetzblatt der Deutschen Demokratischen Republik, Teil I, Nr. 26(1986), S. 361-362.

Gesetzblatt vom 28. April 1986: Verordnung über die weitere Verbesserung der Arbeits- und Lebensbedingungen der Familien mit Kindern vom 24. April 1986. In: Gesetzblatt der Deutschen Demokratischen Republik, Teil I, Nr. 15(1986), S. 241-247.

Görlich, G.: Die Chance des Mannes. Berlin 1982.

Gysi, J.: Frauen- und Familienentwicklung in der DDR. In: Timmermann, H. (Hg.): Sozialstruktur und sozialer Wandel in der DDR. Saarbrücken-Scheidt 1988, S. 93-115.

Gysi, J./Meyer, D.: Leitbild: berufstätige Mutter – DDR-Frauen in Familie, Partnerschaft und Ehe. In: Helwig, G./Nickel, H.M. (Hg.): Frauen in Deutschland 1945-1992. Berlin 1993, S. 139-165.

Hafner, I.: Ästhetische und soziale Rolle. Studien zur Identitätsproblematik im Theater Carlo Goldonis. Würzburg 1994.

Hammerstein, N.: Handbuch der deutschen Bildungsgeschichte. Von der Renaissance und der Reformation bis zum Ende der Glaubenskämpfe. Bd. I, 15. bis 17. Jahrhundert. München 1996.

Hampele, A.: „Arbeite mit, plane mit, regiere mit" – Zur politischen Partizipation von Frauen in der DDR. In: Helwig, G./Nickel, H.M. (Hg.): Frauen in Deutschland 1945-1992. Berlin 1993, S. 281-320.

Helwig, G.: Frauen im SED-Staat. In: Deutscher Bundestag (Hg.): Materialien der Enquete-Kommission „Aufarbeitung von Geschichte und Folgen der SED-Diktatur in Deutschland". Bd. III/2: Rolle und Bedeutung der Ideologie, integrativer Faktoren und disziplinierender Praktiken in Staat und Gesellschaft der DDR. Baden-Baden 1995, S. 1223-1274.

Hüttner, H.: Männer – eine Gleichung mit Unbekannten? In: Für Dich. Illustrierte Zeitschrift für die Frau 36(1986), S. 10-11.

Hüttner, H.: Vater gesucht. In: Für Dich. Illustrierte Zeitschrift für die Frau 38(1986a), S. 10-11.

Klenner, C.: Doppelt belastet oder einfach ausgebeutet? Zur Aneignung weiblicher Reproduktionsarbeit in DDR-Familien. In: Das Argument 184(1990), S. 865-874.

Knibiehler, Y.: Geschichte der Väter. Eine kultur- und sozialhistorische Spurensuche. Freiburg i. Br. u.a. 1996.

Konietzka, D./Kreyenfeld, M. (Hg.): Ein Leben ohne Kinder. Kinderlosigkeit in Deutschland. Wiesbaden 2007.

Kowalski, G. v.: Homosexualität in der DDR. Ein historischer Abriss. Marburg 1987.

Krumrey, M.: Von Interesse – der ganze Mann. In: Für Dich. Illustrierte Zeitschrift für die Frau 28(1986), S. 10-11.

Lambrecht, C.: Männerbekanntschaften. Freimütige Protokolle. Halle, Leipzig 1986.

Müller, C.: James Dean lernt kochen. Männer in der DDR; Protokolle. Berlin 1985.

Nickel, H.M.: Geschlechtersozialstation und Arbeitsteilung. Zur Kultur von Geschlechterunterschieden. In: Weimarer Beiträge 4(1988), S. 580-591.

Oslow, R.: Die volkseigene Familienromanze. Arbeitende Mütter und Väter in der Deutschen Demokratischen Republik, 1949-1989. In: Resse, D. et al. (Hg.): Rationale Beziehungen? Geschlechterverhältnisse im Rationalisierungsprozess. Frankfurt/M. 1993, S. 344-362.

Otto, H.: Der Traum vom Elch. Berlin, Weimar 1983.

Redaktion: LITERATUR-FORUM. ALTER ADAM – NEUER ADAM. Männergestalten in der DDR-Literatur. ADAM. In: Für Dich. Illustrierte Zeitschrift für die Frau 36(1986), S. 10-11.

Redaktion: Männer, Männer, Männer. In: Für Dich. Illustrierte Zeitschrift für die Frau 3(1987), S. 18-19.

Redaktion: Typisch Frau? Typisch Mann? In: Für Dich. Illustrierte Zeitschrift für die Frau 25(1987a), S. 27-29.

Rouvel, C.: Vater, Mutter, Kind. Zum Bild der Familie in Kinderbüchern. In: Für Dich. Illustrierte Zeitschrift für die Frau 48(1986), S. 22-23.

Schäfgen, K.: Die Verdoppelung der Ungleichheit. Struktur- und Geschlechterverhältnisse in der Bundesrepublik und in der DDR. Opladen 2000.

Schmidt, D.: Reproduktionsmaschinen. Die Rolle der ‚Frau' in demografischen Diskursen. In: Donat, E./Froböse, U./Pates, R. (Hg.): ‚Nie wieder Sex'. Geschlechterforschung am Ende von Geschlecht. Wiesbaden 2009, S. 185-200.

Schulte, S.-D.: Generationsvergleich. In: Für Dich. Illustrierte Zeitschrift für die Frau 28(1986), S. 10-11.

Schulz, G.: Soziale Sicherung von Frauen und Familien. In: Hockerts, H.G. (Hg.): Drei Wege deutscher Sozialstaatlichkeit. NS-Diktatur, Bundesrepublik und DDR im Vergleich. München 1998, S. 117-151.

Schwartz, M.: Emanzipation zur sozialen Nützlichkeit: Bedingungen und Grenzen von Familienpolitik in der DDR. In: Ders./Hoffmann, D. (Hg.): Sozialstaatlichkeit in der DDR. Sozialpolitische Entwicklungen im Spannungsfeld von Diktatur und Gesellschaft 1945/49-1989. München 2005, S. 47-88.

Schwarz, G.: Ruhezeit? In: Für Dich. Illustrierte Zeitschrift für die Frau 49(1986), S. 24-29.

Schwarz, G.: Auf dem Weg zur Familie. In: Für Dich. Illustrierte Zeitschrift für die Frau 47(1987), S. 7-11.

Schwarz, G.: Im „Vaterjahr". In: Für Dich. Illustrierte Zeitschrift für die Frau 30(1987a), S. 6-9.

Sorensen, A./Trappe, H.: Frauen und Männer. Gleichberechtigung – Gleichstellung – Gleichheit? In: Huinink, Johannes et al. (Hg.): Kollektiv und Eigensinn. Lebensverläufe in der DDR und danach. Berlin 1995, S. 189-222.

Speigner, W.: Bevölkerungspolitik und Bevölkerungsentwicklung seit 1976 in der DDR, Soziologische und sozialpolitische Aspekte der Geburtenhäufigkeit. In: Khalatbari, P. (Hg.): Beiträge zur Demographie, Bevölkerungstheorie und Bevölkerungspolitik. Berlin 1981, S. 181-191.

Stapel, E./Starke, K.: Schwuler Osten. Homosexuelle Männer in der DDR. Berlin 1994.

Trappe, H.: Zwischen Arbeits- und Bevölkerungspolitik – Frauen und Familienpolitik in der DDR. In: Dies.: Emanzipation oder Zwang? Frauen in der DDR zwischen Beruf, Familie und Sozialpolitik. Berlin 1995, S. 35-80.

Wander, M.: Guten Morgen, du Schöne. Protokolle nach Tonband. Berlin 1977.

Wiesigel, J.: Wir wollten doch alles anders machen ... Eine Ehegeschichte. Halle, Leipzig 1979.

Wilkum, S.: Neue Konflikte. In: Für Dich. Illustrierte Zeitschrift für die Frau 31(1986), S. 10-11.

Winkler, G. (Hg.): Geschichte der Sozialpolitik der DDR 1945-1985. Berlin 1989.

Zahlmann, S.: Nichts als Arbeit? Männliche Identität und Berufstätigkeit in den DEFA-Spielfilmen „Bis daß der Tod euch scheidet" (1979) und „Die Architekten" (1990). In: Männlichkeiten. The Dark Continent (?). Potsdamer Studien zur Frauen- und Geschlechterforschung 1/2(2000), S. 125-139.

Doing gender trouble in school?
Ein Erfahrungsbericht: Jugendliche und ihre Einstellungen, daraus ablesbare Tendenzen und die entsprechende Rolle der Bildungseinrichtungen

Frank Irmler

Dieser Beitrag ist ein Erfahrungsbericht über die Einstellungen Adoleszenter zu Fragen der Gleichberechtigung von Frauen und Männern, zu Fragen hinsichtlich tradierter Rollenbilder sowie zu Fragen nach der Akzeptanz verschiedener Sexualitätsformen. Dabei wird nach der Rolle der Bildungseinrichtungen für die Ausprägung der vorgestellten Meinungen der Jugendlichen gefragt. Es wird der Stand der Thematisierung von Geschlechterfragen in der Schule und die mögliche didaktische Umsetzung von Forschungsergebnissen der Geschlechterforschung im Ethik/Philosophieunterricht aufgegriffen.

Dass Schule zur Ausbildung und zum Erreichen eines bestimmten Kenntnis- und Kompetenzstandes künftiger Generationen beiträgt, ist ebenso wenig spektakulär und eine neue Erkenntnis wie die Tatsache, dass die gesellschaftliche Institution Schule versucht, neben der Wissens- und Kompetenzvermittlung Traditionen, Bräuche und Normen zu bewahren.

Angesichts der immer noch existierenden patriarchalen Gesellschaftsstruktur, muss die Frage aufgeworfen werden, ob und inwiefern Schule die existierende Diskriminierung von Frauen, aber auch von Homo- und Bisexuellen sowie Andersdenkenden begünstigt. Verfolgt das deutsche Bildungssystem einen Weg, Kinder zu mündigen, demokratischen, heterosexuellen Bürgerinnen und Bürgern entsprechend althergebrachter Klischees und Stereotypen herauszubilden und zu erziehen, die Abweichendes allenfalls tolerieren, indem sie es ignorieren?

Die in diesen Fragen enthaltenen Behauptungen müssen an anderer Stelle auf ihren faktischen Gehalt überprüft werden, da sie sich allein aus den Erfahrungen meiner Kolleginnen und mir speisen. Daher kam ich auch auf die Idee, den Stand der Gleichberechtigungsverhältnisse zu überprüfen, wohlwissend, dass Jugendliche mit gesellschaftlichen Normen, Sitten, Bräuchen, Traditionen, Stereotypen, Vorurteilen, Klischees und gesellschaftlichen Einstellungen gegenüber normabweichendem und normkonformem Verhalten spielen, dieses vehement ablehnen, aber auch in Reinform kultivieren können, um sich im Angebot unserer pluralen Gesellschaft ausprobieren und verorten zu können (vgl. Schröder/Leonhardt 1998, 23f.). Insofern ist die Schule ein idealer Untersuchungsort zur Erforschung zum Stand und zur Entwicklung der Gleichberechtigung zwischen Männern und Frauen, Mädchen und Jungen.

Ziel dieses Beitrags ist es dabei nicht, die vermutlich erschreckenden Zustände zu überprüfen, dass sich Lehrende an Schulen herzlich wenig mit der Gleichberechtigungsfrage beschäftigen oder gar eine geschlechterneutrale Sprache nutzen. Ziel ist es auch nicht, zu untersuchen, ob und warum Schulbücher ebenfalls auf eine geschlechterneutrale Sprache verzichten oder inwiefern stereotype Rollenbilder Gegenstand des inhaltlichen Konzeptes von Lehrmaterialien sind. Auch wird nicht weiter untersucht, ob die Anzahl von Frauen und Männern, die im Lehrberuf tätig sind, entscheidend für die Individuation von Mädchen und Jungen ist. Es wird ebenfalls nicht untersucht werden können, ob unreflektiertes Rollenverhalten der Lehrkräfte zum Einüben stereotyper Geschlechterrollen und geschlechterdiskriminierender Verhältnisse beiträgt. Die Frage nach der Befriedigung und Anerkennung einmal konstruierten geschlechterrollenspezifischen Verhaltens kann ebenfalls nicht beantwortet werden, wie auch die Frage nach den Möglichkeiten geschlechterneutralen Verhaltens von Lehrenden. Dennoch halte ich all diese Fragen der Schul- und Geschlechterforschung für entscheidend, um die in diesem Beitrag vorgestellten Ergebnisse kritisch hinterfragen, deren Ursachen erforschen sowie Handlungsalternativen und -möglichkeiten entwickeln zu können, um der Gleichberechtigung Genüge zu tun.

Aus meinen schulischen Erfahrungen heraus, durch Praktika im In- und Ausland und meine Zeit des Vorbereitungsdienstes, behaupte ich, dass durch die derzeitige Lehrpraxis Jungen unmittelbar benachteiligt werden, da deren offensives Verhalten im Fokus der Lehrkräfte steht, als Stör- oder Fehlverhalten interpretiert und als solches überwiegend von Lehrerinnen umgehend sanktioniert wird, was sich vor allem in schlechteren Noten abbildet. Der Diskriminierung von Frauen hingegen wird Vorlauf gegeben, da defensives, angepasstes und ruhiges Verhalten von Mädchen belohnt, begrüßt und honoriert wird. So erhalten die ruhigen Mädchen für ihr Verhalten oft bessere Noten und werden wenig gefördert, sich durchzusetzen oder charakterstark zu sein, da dies nicht dem Stereotyp der Weiblichkeit entspricht. Mein Eindruck ist, dass Unangepasstheit an die tradierten Rollenbilder bei Mädchen stärker sanktioniert wird als bei Jungen. Wo öfter noch zu hören ist, so seien Jungen halt und sie müssten sich raufen, aber auch, sie sei doch tuffig, deren schwule Art, gelten auffällige Mädchen als widerspenstig, böse, unnahbar, frech und arrogant.

Um diesen Zuständen entgegen zu wirken, wäre es bis zur Gewinnung weiterer Erkenntnisse der Geschlechterforschung hilfreich, wenn sich Lehrende dieses Zustandes und ihres eigenen Handelns bewusster würden, sich den Fragen der Gleichberechtigungsdebatten öffnen und eigenes Lehrverhalten kritisch hinterfragen würden.

Über diese grundsätzlichen pädagogischen Fragen hinaus, habe ich versucht, Themen der Geschlechterforschung, deren Forschungsergebnisse und daraus resultierende Forderungen zur Durchsetzung der Gleichberechtigung zum Gegenstand des Ethikunterrichtes zu machen, da der Lernbereich „Frage nach dem guten Handeln" mit dem verbindlichen Thema „Moralisches Rechtfertigen" (gemeint ist ethisches Argumentieren) in Klasse 11 des Sächsischen Lehrplanes den inhaltlichen Freiraum bietet, z.B. ausgewählte Inhalte von Judith Butlers *Das Unbehagen der Geschlechter* zum Unterrichtsgegenstand zu machen.

Mein Ziel war es nicht nur, die Einstellungen der Schülerinnen und Schüler zu Fragen der Gleichberechtigung in Erfahrung zu bringen, sondern deren Wissen und Kenntnisse auf diesem Gebiet zu erweitern und ein Interesse am Forschungsgebiet und -gegenstand zu wecken. Darüber hinaus wollte ich, dass die Schülerinnen und Schüler entdecken, welche Bedeutung der Stand der Gleichberechtigung für ihr eigenes Leben und mögliche Zukunftsplanungen hat. Das Themengebiet sollte helfen, Akzeptanz und Toleranz gegenüber Menschen mit ihren verschiedenen Lebens- und Sexualpraktiken zu schulen, um schlussendlich das eigene Leben in einer pluralen Gesellschaft zu begreifen.

So habe ich in bisher zwei Kursen der Sekundarstufe 2 (Klasse 11) im Oktober 2007 und in zwei 10. Klassen im April 2005 im Rahmen des Ethik/ Philosophieunterrichtes Inhalte von Judith Butlers *Das Unbehagen der Geschlechter* vorgestellt. Zuvor habe ich die in den Klassen gängigen Geschlechterstereotype gesammelt, um die bisherigen Einstellungen der Schülerinnen und Schüler zu den Rollenbildern zu erfahren und ein gemeinsames Ausgangsniveau für den fortlaufenden Unterricht zu schaffen. Anhand der anschließenden Vorstellung von Butlers Theorie der heterosexuellen Matrix (vgl. Butler 1991, 37ff., 44ff., 58ff., 113ff.) und der von ihr dargestellten Zwangsordnung von Geschlecht, Geschlechtsidentität und Begehren (Butler 1991, 22ff.) sollte den Schülerinnen und Schülern bewusst werden, dass an das biologische Geschlecht Rollenbilder und Erwartungen gebunden sind. Sie sollten erkennen, dass daraus abgeleitete Normierungen bezüglich der Geschlechtsidentität Teil einer diskriminierenden, von heterosexuellen Vorstellungen geprägten, patriarchalen Praxisform sein müssen.

Dieses Bewusstsein sollte durch eine Diskussion, welche nicht den Stereotypen entsprechende Lebenskonzepte zum Thema machte, vertieft werden. Damit sollte die Relevanz der Thematik für das eigene Leben und die eigene Zukunft erkennbar werden. Es wurden die Fragen diskutiert, ob Männer bereit sein sollten, Elternzeit für die Betreuung der eigenen Kinder zu nehmen und was sie darin bestärken oder daran hindern könnte, ob Homosexuellen die Adoption von Kindern erlaubt werden sollte und ob es vertretbar ist, wenn eine Frau drei Monate nach der Geburt ihres Kindes, dieses zur Betreuung in eine entsprechende Institution gibt, um neben ihrem Mutter-Sein auch ihren beruflichen Weg verfolgen zu können. Schlussendlich wurde debattiert, ob eine radikale Abkehr oder gar eine Auflösung der heterosexuellen Matrix und der Zwangsordnung von Geschlecht, Geschlechtsidentität und Begehren die einzig sinnvolle Lösung zum Erreichen der Gleichberechtigung von Mann und Frau sein könne (vgl. Butler 1991, 198ff., 202ff.).

Da ich die gehaltenen Unterrichtsstunden nicht in der Absicht künftiger Publikationen konzipiert habe, wurden keine professionellen, empirischen Messmethoden eingesetzt, um die Ergebnisse festzuhalten, so dass sich die geneigten Leserinnen und Leser auf den Wahrheitsgehalt meiner Erinnerungen und Eindrücke verlassen müssen. Die von mir getroffenen Aussagen beziehen sich auf Unterrichtserfahrungen mit insgesamt 98 Schülerinnen und Schülern. Die Geschlechterverteilung in den unterrichteten Kursen bzw. Klassen war weitestgehend ausgeglichen. Ich denke, dass dieser kleine Einblick in den schulischen Alltag klare und bestätigbare Tendenzen aufzeigt und Anregungen bietet, spezifischere, detaillierte Unterrichtsforschung zum Thema zu betreiben.[1]

Bei der anfänglichen Sammlung von Rollenzuschreibungen, was typisch weiblich oder typisch männlich sei, war auffällig, dass Schülerinnen der Klasse 10 überwiegend positive Merkmale dem Frauenbild hinzufügten und negative dem Männerbild. Die Jungen verfuhren ebenso zugunsten des eigenen Männerbildes. Die genannten Merkmale gingen über die üblichen Klischees und Stereotypen nicht hinaus. Eine differenzierte Betrachtung erfolgte nicht. Dies erkläre ich mir zum einen mit den geringen Erfahrungen im Umgang mit dem anderen Geschlecht und zum anderen mit den zum Teil kindlichen Einstellungen mancher Schülerinnen und Schüler.

Typisch weiblich	**Typisch männlich**
Einfühlsamkeit, sind kommunikativer (als Männer), telefonieren viel, verständnisvoll, emotional, können nicht Auto fahren, können nicht einparken, können nicht logisch denken, haben Brüste, sind liebevoll, managen den Haushalt, können gut kochen, können Kinder besser (gemeint war liebevoller/ verständnisvoller) erziehen, können nicht mit Geld umgehen, kaufen gerne Schuhe, gehen gern shoppen, sind romantisch, riechen gut, achten mehr auf ihr Äußeres	Rationalität, Distanziertheit, sind besser in den Naturwissenschaften (als Frauen), sind weniger treu als Frauen, lieben die Freiheit, brauchen Geborgenheit, können den Haushalt nicht gut bewältigen, sind stark, sind sportlich, sind humorvoll, sind logisch, mögen Strukturiertheit, Klarheit und Einfachheit, können sich nur auf eine Sache konzentrieren, verdienen mehr Geld, können besser mit technischen Geräten umgehen, waschen sich selten

---

1 Gerne stelle ich mein Unterrichtskonzept dafür zur Verfügung und würde mich dafür einsetzen, entsprechende Forschung in meinem Unterricht zu ermöglichen.

In der Klassenstufe 11 hingegen wurden in beiden Kursen bereits nach den ersten drei Nennungen die stereotypen Angaben hinsichtlich der postulierten Geschlechterspezifik relativiert.

Im Anschluss wurde, wie erwähnt, Butlers Ansatz zur Differenzierung von Geschlecht, Geschlechtsidentität und Begehren sowie die Theorie der heterosexuellen Matrix vorgestellt. Auf dieser Grundlage wurde die Diskriminierung von Frauen und nicht heterosexuellen Menschen in unserer Gesellschaft anhand der angeführten Fragen diskutiert. Ziel dieser Ergebnissicherung war es, dass sich die Schülerinnen und Schüler mit den geschlechterstereotypen Rollenerwartungen, Butlers Feststellungen und eigenen Zukunftsvorstellungen auseinandersetzen und die vorab selbst reproduzierten Stereotype kritisch reflektieren. Aus didaktischen Gründen habe ich gebeten, dass sich die Schülerinnen und Schüler anfangs nur mit der ihrem Geschlecht zugewiesenen Frage oder der Freifrage auseinandersetzen, um in einer anschließenden Diskussion mit allen Lernenden, die verschiedenen Positionen zu erörtern. Dabei sollte überprüft werden, ob einige Meinungen geschlechtsspezifisch sind und ggf. mögliche Erklärungen dafür ausgemacht werden können.

- Jungen: Würdest Du, wenn Du Vater wirst, die Elternzeit übernehmen? Begründe!
- Mädchen: Eine Freundin gibt ihr Kind sechs Monate nach der Geburt in eine Krippe, um weiter arbeiten zu können und an ihrem beruflichen Werdegang zu feilen. Eine Kollegin sagt, das gehöre sich nicht, ein Kind gehöre bis zum dritten Lebensjahr zur Mutter. Stimmst Du der Frau zu oder hältst Du ihr gegen? Begründe!
- Freifrage: „Homoehe und Adoption von Kindern durch Homosexuelle gehören verboten!" Beziehe begründet Stellung!

Alle Mädchen der 10. Jahrgangsstufe wählten die ‚Mädchen-Frage' und nur ein Junge entschied sich für die Freifrage. Da alle drei Fragen durchaus kontrovers diskutiert wurden, entschied ich mich, in den Kursen der Klassenstufe 11 alle Fragen nach entsprechender Arbeitszeit in Kleingruppen im Klassenplenum diskutieren zu lassen. Dies ermöglichte eine vertiefte inhaltliche Auseinandersetzung, da die Gespräche in den 10. Klassen den Nachteil hatten, dass sich jeweils nur eine Geschlechtergruppe intensiver mit einigen dafür oder dagegen sprechenden Argumenten auseinandergesetzt hatte.

Auffallend war in beiden Jahrgängen, dass sich v.a. die Mädchen damit auseinandersetzten, ob die Mutter-Kind-Beziehung durch zu frühe Nutzung von Kinderbetreuungsangeboten gestört würde, ob die Kinder nicht einen psychischen oder entwicklungspsychologischen Schaden davontragen könnten, wenn sie zu früh von Fremden, in Umgebung mehrerer schreiender Kinder betreut würden. Sie stellten es in Frage, dass eine Frau mit Kindern ihren Berufsvorstellungen nachgehen dürfe und philosophierten über einen entwicklungsgemäßen, idealen Zeitpunkt für den Eintritt in die Kindertagesstätte. Sie stellten aber auch in Frage, ob es überhaupt möglich sei, nach drei Jahren Erziehungszeit wieder in den Beruf einzusteigen und entsprechend firm zu sein, den Anforderungen der Arbeitswelt genügen zu können. Ob und dass auch der Vater zur Betreuung des gemeinsamen Kindes zu Hause bleiben könne, war ebenso ein, bezüglich eventuell fehlender ‚mütterlicher' Kompetenzen umstrittenes, Anliegen der Mädchen. An dieser Stelle ergab sich die Gelegenheit, die Jungen mit ‚ihrer' Aufgabenstellung verstärkt in die Diskussion einzubeziehen. In der einen 10. Klasse gaben nur drei, in der anderen gar nur zwei Jungen an, sie könnten sich vorstellen, die eigenen Kinder zu betreuen. Sie hatten Bedenken, nicht sensibel genug zu sein, alles mit Pflege, Ernährung und Zuwendung richtig machen zu können, und fragten, wie das Problem des Stillens denn gelöst werden sollte, da sie der Meinung waren, ein Kind müsse mindestens 6-12 Monate, wenn nicht gar länger, mit Muttermilch versorgt werden – Ersatzprodukten würden sie misstrauen. Damit war ca. 1/5 der Jungen der Vorstellung, mit dem eigenen Kind zu Hause zu bleiben, nicht abgeneigt, teilte aber die Einwände der anderen Jungen, Männer seien nicht befähigt genug, einfühlsam mit Babys umgehen zu können. M.E. aufgrund mangelnder Erfahrung glaubten sie, sie könnten Babys über längere Zeit nicht richtig halten, ohne sie zu verletzen. Sie waren der Meinung, Männer könnten Kinder nicht beruhigen, wenn sie schrien, sowie mit dem Stress und Lärm nicht umgehen, den Kinderbetreuung mit sich bringen würde.[2] Die Mehrheit der Jungen machte ihre eventuelle Bereitschaft zur Übernahme der Erziehungszeit davon abhängig, dass die Frau dann auch mehr mit ihrer Arbeit verdienen müsse als der Mann. Die Meinung, Männer hätten keine Geduld und nicht die richtigen Fähigkeiten, Babys und Kleinkinder

---

2   Ich vermute, dass die Jungen ihre Erlebnisse aus dem Elternhaus und Erfahrungen mit ihren Väter spiegelten, da in der Diskussion immer weniger von Betreuung, Fürsorge und Pflege von Babys gesprochen wurde, sondern generell bezweifelt wurde, dass Männer/Väter den Haushalt übernehmen könnten und ihren Kindern Liebe, Zuneigung und Fürsorge über das Raufen, sportliche Aktivitäten und das Bewältigen handwerklicher Aufgaben hinaus zeigen könnten. Da den Schilderungen der Schülerinnen und Schüler ein klischeehaftes und sowohl Frauen als auch Männer diskriminierende Rollenbilder bedienendes Familienmodell zugrunde liegt, ist es m.E. umso dringlicher, Fragen der Gleichberechtigung im Unterricht aufzugreifen, um Bedürfnisse und Wünsche der Kinder bezüglich des Verhaltens und gemeinsamer Aktivitäten mit ihren Eltern zu erfahren, aber auch um reduktionistische Rollenbilder und zukünftiges Verhalten der Jugendlichen zu verändern, damit sich diese diskriminierenden Zustände nicht reproduzieren. Der Ethik/Philosophieunterricht in Sachsen eignet sich hervorragend dafür, dient er seinem Selbstverständnis nach doch nicht der Werteerziehung, sondern der Werte- und Normenvermittlung. Er erlaubt daher einen kritischen, wissenschaftspropädeutischen und philosophischen Umgang mit Traditionen und Gewohnheiten als Konzeptionen anderer an die Gesellschafts- und Geisteswissenschaften angelehnte Schulfächer (vgl. Sächsischer Lehrplan für das Unterrichtsfach Ethik an Gymnasien, S. 1ff.).

zu betreuen, wurde auch von der großen Mehrheit der Mädchen geteilt. Viele unterstützten Äußerungen, Männer sollten besser den Lebensunterhalt sichern und die Frau unterstützen, indem sie einkaufen gehen, ab und an die Wäsche aufhängen, aber nicht waschen, da Männer die Wäsche verfärben oder zu heiß waschen würden, den Geschirrspüler einräumen, oder abwaschen, aufräumen, Müll wegbringen und die Wohnung sauber machen.

Aus den Äußerungen der Mädchen ergab sich, dass ein Großteil von ihnen zugunsten einer postulierten optimaleren Mutter-Kind-Beziehung und der Abwehr möglicher entwicklungspsychologischer Folgeschäden des Kindes sowie wegen des Misstrauens in die Fähigkeiten von Männern, den m.E. antiquierten Erwartungen, die an Mütter gestellt werden, entsprechen wollen.

Ein geringer Teil der Mädchen lehnte diese Position ihrer Geschlechtsgenossinnen entschieden ab, plädierte für Emanzipation, freie Entwicklung und Entfaltung im Berufsleben, forderte ein quantitativ und qualitativ besseres Kinderbetreuungsangebot und die Bereitschaft der Jungen, sich den Anforderungen der Kinderbetreuung zu stellen und gemeinsam mit ihren zukünftigen Frauen durch die eigenen Eltern (Mütter?), unter Zuhilfenahme von Büchern oder Elternkursen, zu erfahren, wie denn Pflege, Haushalt und Privatleben funktioniere. Sie begründeten ihre Position damit, dass Kindererziehung und Sensibilität fürs eigene Kind kein Programm sei, was in den Genen der Frauen schlummere und nach der Geburt abgespult werde. Sie machten den Jungen deutlich, dass auch Frauen dies erst lernen müssten und ebensolchen Stress mit Kindern empfinden könnten. Im Sinne einer guten partnerschaftlichen Beziehung spräche ihrer Meinung nach nichts dagegen, sich gemeinsam den Aufgaben der Kindererziehung zu stellen. Ein Mädchen betonte, dass sie vor zwei Jahren ein Geschwisterkind bekommen habe und sie sich sehr gut daran erinnere und es auch noch heute sehe, dass sowohl ihre Mutter als auch ihr Vater dem Kleinen und ihr selbst Einfühlsamkeit, Liebe und Freude entgegenbrächten.

Die Diskussion musste in Folge aber abgebrochen werden, da sie vor allem durch die Mädchen, die zur Kinderbetreuung auch längere Zeit zu Hause bleiben würden, unsachlich bestritten wurde. Sie stempelten die wenigen Mädchen, die die Loslösung familiärer Aufgaben von der Geschlechtlichkeit der Eltern forderten, als gefühlskalte und ignorante Karrierefrauen ab, die angeblich auch nichts von dem verstehen würden, was Familie bedeute. Hier zeigt sich, dass im Rahmen des Unterrichts nicht nur über Diskriminierung, sondern auch über das Phänomen Familie zu sprechen wäre.

In der Nachbesprechung der Stunden mit den hospitierenden Kolleginnen war festzustellen, dass sich Schülerinnen und Schüler mit eher schlechten und durchschnittlichen Leistungsbewertungen im Fach Ethik/Philosophie im Unterricht stärker an den tradierten Geschlechterstereotypen orientierten als Schülerinnen und Schüler mit guten bis hervorragenden Leistungsbewertungen. Die These über einen möglichen Zusammenhang zwischen Bildungsniveau und dem

Bedürfnis, sich an vorgegebenen Rollenbildern zu orientieren oder diese zu verändern, wäre aber genauer und valider zu untersuchen.

In Klasse 11 befürworteten das Modell ‚Hausfrau und Mutter' deutlich weniger Mädchen, obgleich diese argumentativ wesentlich stärker waren als die der Klassen 10. Dies führe ich auf die öffentliche und medial inszenierte Debatte um Eva Hermans Buch *Das Eva-Prinzip* (2006) zurück.

Rückblickend auf beide Jahrgangsstufen ist festzustellen, dass ein großes Unwissen über die Organisation und den Aufbau von Kindertagesstätten herrscht, idealisierte, tradierte und gar mythisch anmutende Vorstellungen über die Mutter-Kind-Beziehung und das Stillverhalten existieren, die Rolle und Bedeutung der Vater-Kind-Beziehung negativ gesehen oder ausgeblendet wird und Wissen darüber, dass Muttermilch abgepumpt und somit auch von Vätern bzw. anderen Personen gegeben werden kann, gar nicht vorhanden ist. Aufgrund dieses mangelnden Wissens haben die Schülerinnen und Schüler kaum eine Chance, tradierte Rollenbilder kritisch zu hinterfragen und ein Bewusstsein über diskriminierende Gesellschaftsverhältnisse zu entwickeln. Häufig kennen sie nur die der Gleichberechtigung weniger zuträglichen Fakten, wie, dass es zu wenig Betreuungsangebote gibt und Männer mehr verdienen als Frauen. Viele meinen, dass Arbeitslosigkeit der Realisierung des Kinderwunsches im Weg steht und dass das Stillen sowie eine gute Mutter-Kind-Beziehung wichtiger für die Entwicklung und Gesundheit von Kindern sind als eine gute Vater-Kind-Beziehung. Begründungen dieser Einstellungen lassen sich auf Erfahrungen in der eigenen Kindheit zurückführen, in welcher Mütter und Kindergärtnerinnen die Aufgaben der Erziehung, der Kinderfürsorge und des Haushaltes übernommen hätten und Männer/Väter Dinge repariert, Kindern Sport, eine Einstellung zu Autos und Technologie nahegebracht hätten, oft lange gearbeitet hätten und streng gewesen wären. Männer treten gemäß der Erfahrungen der Schülerinnen und Schüler im Kindergarten noch weniger als zu Hause in Erscheinung. Somit lernen viele Kinder, deren Väter selten zu Hause sind oder gar nicht zu Hause leben, selbst stereotype männliche Verhaltensmuster nicht kennen. Vielen Kindern ist es so auch nicht möglich, sich kritisch mit weiblichen oder männlich assoziierten Verhaltensmustern auseinanderzusetzen oder diese zu revidieren. Damit kann bei ihnen kaum ein Bewusstsein für die geschlechterdiskriminierenden Einstellungen in unserer Gesellschaft vorhanden sein. Umso mehr halte ich es für notwendig, die fehlenden Erfahrungen dadurch zu kompensieren, dass das Themenfeld zum Unterrichtsgegenstand gemacht und zunehmend ins Bewusstsein der in Erziehungs- und Bildungseinrichtungen Berufstätigen gerückt wird.

Dass sich ein solches Bewusstsein schulen lässt, zeigte mir der wesentlich sachlichere Diskussionsverlauf zu den drei o.g. Fragen in der Klassenstufe 11. Ich führte diese Unterrichtsstunden zwei Jahre nach dem Unterricht in Klasse 10 und in einer anderen Schule durch. Vor dem Einstieg in die Diskussion anhand der bereits vorgestellten Fragen, erarbeitete ich mit den Schülerinnen und

Schülern ihren Wissens- und Kenntnisstand zu Regelungen und Einstellung bezüglich der Elternzeit. Sie wussten, dass das Bundeserziehungsgeld durch das Elterngeld und die damit verbundenen Neuregelungen zur Elternzeit abgelöst wurde, und die Diskussion über die Realisierung von Familie und beruflichem Alltag in allen Medien präsent ist. Einige kannten die Debatten zum aktuellen Stand der Gleichberechtigung sowie zu den beruflichen Chancen und der Emanzipation von Frauen und Müttern. Sie waren in der Lage, konservative Einstellungen, wie die Eva Hermans (*Das Eva-Prinzip*), modernen Gestaltungsmöglichkeiten der Kindererziehung gegenüber zu stellen. Ich stellte ihnen Vorschläge bezüglich der Einführung qualitativer Standards von Bildungs- und Erziehungseinrichtungen des Familienministeriums unter der Führung der Ministerin Ursula von der Leyen vor. Abgesehen von dieser der Sachlichkeit der Diskussion zuträglichen Erarbeitungsphase wäre zu untersuchen, ob nicht auch entwicklungspsychologische Faktoren ausschlaggebend für die kritischere und differenziertere Debatte in der Jahrgangsstufe 11 waren.

Eine überwältigende Mehrzahl der Jungen gab an, während der Elternzeit mindestens die zwei Monate zu Hause bleiben zu wollen, welche im Bundesgesetz zur Regelung und Verlängerung der Zahlung des Elterngeldes von 12 auf 14 Monate erforderlich sind. Für einen längeren Zeitraum entschieden sich in dem einen Kurs drei, in den anderen Kursen jeweils zwei Jungen (1/6). Sie begründeten ihre Bereitschaft damit, gerne wegen des Kindes und auch zur Entlastung der Frau zu Hause bleiben zu wollen.

Allerdings herrschte auch in den Kursen Aufklärungsbedarf darüber, dass das Stillen mit Muttermilch durch Ersatzprodukte bzw. durch das Abpumpen von Muttermilch und die Flaschengabe ersetzt werden kann und dass Mütter, die wie im vorgestellten Beispiel frühzeitig wieder arbeiten gehen, nicht durch ihre Berufstätigkeit eine positive Mutter-Kind-Beziehung gefährden müssen. Zwei Schüler hatten Bedenken, dass das von Vätern übernommene Stillen mit der Flasche einer heterosexuellen Sexualitätsentwicklung entgegenstünde, sei doch das Stillen und das Fühlen der Mutterbrust unmittelbar mit dem ersten Kennenlernen von Weiblichkeit verbunden. Dass Kinder, die nicht von ihrer Mutter gestillt werden (können), im Folgeschluss alle homosexuell sein müssten oder ‚Probleme' mit den eigenen Einstellungen zu Weiblichkeit und Männlichkeit haben müssten, genügte als Hinweis, dass diese Behauptung anzweifelbar ist, auch wenn ein Schüler den empirischen Nachweis dazu haben wollte.[3]

Nur wenige Mädchen erklärten sich bereit, nach einer Geburt länger als ein Jahr zu Hause zu bleiben. Sie machten den Abschluss des ersten Lebensjahres des Kindes als Optimum aus, um es in Betreuungseinrichtungen oder in Tagespflege zu geben. Sie argumentierten wegen der Praktikabilität gegen eine

---

3 Leider hat er die ihm von mir nahegelegte Literaturrecherche nicht durchgeführt, sonst würde hier ein Quellenverweis stehen.

frühere Betreuung, da eine Unterbringung des Kindes organisatorisch einfacher wäre, wenn es schon abgestillt wäre. Es sei einfacher, Babys in die Obhut anderer zu geben, wenn sie mehr von der Welt verstünden und sie die Sozialkontakte zu Gleichaltrigen brauchten. Das Modell Kindertagesstätte wurde gegenüber dem Modell Tagesmutter oder -vater bevorzugt, da nach Meinung der Schülerinnen und Schüler die dortigen Betreuerinnen und Betreuer besser wüssten, wie man die Kinder fördern und erziehen könne.

Ein Großteil der Mädchen befürwortete eine mögliche Übernahme der Elternzeit durch den Vater nach dem sechsten Lebensmonat des Kindes, da dann beide Elternteile genügend über die Aufgaben hinsichtlich der Pflege, Ernährung und Fürsorge gelernt hätten und es mit dem Abpumpen oder der Ersatzmilch gut funktionieren könne.

In einem Kurs waren vier, im anderen zwei Mädchen der Meinung, dass Männern diese Aufgabe generell nicht zu übertragen sei. Angeblich christlich tradierte Vorstellungen der Familienorganisation würden allein der Frau die Aufgabe der Kindererziehung zuschreiben. Einen Beleg dafür, z.B. in der heiligen Schrift, konnten sie nicht erbringen. Trotz allem galt es für sie und auch für ihr eigenes Selbstverständnis als Frauen und eventuell zukünftige Mütter als ein unumstößliches Dogma.

Aus diesen Erfahrungen heraus ergeben sich m.E. neue Aufgaben für Bildungs- und Erziehungseinrichtungen. Den Jugendlichen fehlt es nicht nur an Wissen, sondern auch an Selbstvertrauen, die Verantwortung der Elternschaft übernehmen bzw. damit verbundene Herausforderungen bewältigen zu können. Zum einen heißt dies, dass Schulen und Kindertageseinrichtungen zunehmend erzieherisch tätig sein müssen, zum anderen, dass sie Eltern Schulungsangebote bezüglich Erziehungsfragen und Entwicklungsaufgaben anbieten sollten.

Butlers Gendertheorie bietet nicht allein die Möglichkeit, tradierte Rollenbilder in Frage zu stellen, sondern die angeblich an das biologische Geschlecht gebundene Performanz der Sexualität kritisch zu betrachten. Dies sollte durch die Auseinandersetzung mit der bereits vorgestellten ‚Freifrage' zur Adoption von Kindern durch Homosexuelle sowie zur Ehe unter Homosexuellen erfolgen. Hier zeigte sich noch größeres Unwissen und eine nur sehr gering ausgebildete, von Akzeptanz weit entfernte Toleranz gegenüber nicht heterosexuellen Lebensweisen.

Zwei Jungen der Klassenstufe 10, die sich intensiver mit dieser Frage auseinandergesetzt hatten, befürworteten die Ehe von gleichgeschlechtlichen Menschen, äußerten aber große Bedenken, ob sich deren Sexualität nicht negativ auf die Entwicklung eines adoptierten Kindes auswirken könne. Sie meinten, Kinder aus einem solchen Haushalt würden wahrscheinlich ebenfalls homosexuell. Dies könnten sie nicht befürworten, da diesen Kindern das zukünftige Leben unnötig erschwert würde, weil es Homosexuelle schwerer hätten, in unserer Gesellschaft gleichberechtigt zu leben. Aus der Klasse wurde ergänzt, dass es Kinder aus Familien mit homosexuellen Eltern schwerer hätten, im schulischen Alltag akzeptiert zu werden. Sie würden für das Anders-Sein ihrer Eltern eher diskriminiert, gemobbt oder gehänselt werden. Auch wenn einige Schülerinnen und Schüler im Verlauf der Diskussion anfügten, dass auch Kinder aus Patchworkfamilien, aus alleinerziehenden Elternhäusern und Elternhäusern, in denen geschlagen oder getrunken werde, aus armen Elternhäusern oder solchen, in denen Kinder keine Zeit zum Kind-Sein/Jugendlich-Sein hätten, weil sie nahezu den gesamten Haushalt und/oder die Betreuung der Geschwisterkinder zu tragen hätten, ebenso schnell Opfer von Diskriminierung werden könnten, weil sie nicht aus ‚normalen' Familien stammen würden. Dies sei aber faktisch nicht zwangsläufig so, sodass auch nicht behauptet werden könne, dass Kinder homosexueller Eltern notwendigerweise diskriminiert würden und daher diese Form der Adoption zu unterbleiben habe. Trotz allem blieb ein geringer Teil der Schülerinnen und Schüler der Meinung, man müsse die Adoption allein wegen der Möglichkeit späterer Diskriminierung der Kinder auch zukünftig unterbinden.

In der Klassenstufe 11 vertrat man entweder den Standpunkt, wer sich für ein homosexuelles Leben entscheide, müsse auch mit Kinderlosigkeit leben, oder verfolgte die Argumentation, dass es keine hinreichenden Gründe gebe, die Adoption zu verbieten. Eine Mehrheit von 2/3 sah weder in der Homoehe noch in der Adoption ein Problem. Sie begründeten dies damit, dass für Kinder ein intaktes Lebensumfeld mit möglichst zwei ihnen vertrauten Erwachsenen entscheidender für eine gute und glückliche Kindheit sei, als dass eventuelle Beleidigungen bezüglich des Elternhauses dieser wesentlich entgegen liefen. Eine Schülerin vertrat vollen Ernstes und mit großem Eifer die Auffassung, Homosexualität sei wider die Natur und das, was Gott wolle. Sie verwies auf entsprechende Äußerungen us-amerikanischer Pfarrer. Ein Schüler befand die Existenz von Homosexuellen als abartig und fühlte sich als ‚normaler' heterosexueller, deutscher Mann angesichts der Emanzipation von Frauen, der Integration von Migrantinnen und Migranten sowie der Akzeptanz verschiedener Lebenskonzepte und Sexualitätsformen diskriminiert und in seiner Seinsweise bedroht. Im anschließenden Gespräch darüber, was überhaupt Diskriminierung bedeutete, stellten sich große Wissenslücken heraus, obwohl mir versichert wurde, dass der Begriff der Diskriminierung bereits in der Klassenstufe 8 eingeführt und in den Stufen 9 und 10 vertieft worden war.[4]

Erstaunlich einig waren sich die Schülerinnen und Schüler aller Jahrgangsstufen in der Ablehnung der Forderung, angesichts der diskriminierenden Verhältnisse der heterosexuellen Matrix, diese durch die Verwirrung der Ge-

---

4 In einem anschließenden Gespräch mit dem Schüler nach dem Unterricht erfuhr ich, dass dessen Einstellungen aus negativen, z.T. traumatischen und gewalttätigen Erlebnissen mit Menschen aus den aufgeführten Personenkreisen und aus eigenen Problemen in der Familie resultierten.

schlechterrollen zu zerstören. Die Schülerinnen und Schüler lehnten eine den Klischees gegenläufige Performanz der Geschlechterrollen ab. Sie betonten vielmehr die orientierungsgebende Funktion der klassischen Geschlechterrollen. Sie hielten sie für bedeutsam, um sich kritisch und bewusst mit diesen auseinanderzusetzen angesichts der eigenen zu findenden Sexualität und gesellschaftlichen Funktion. Um Vorurteile und Diskriminierung abzubauen, genüge es, die willkürliche und historisch gewachsene Konstrukthaftigkeit der Rollenzuschreibungen bewusst zu machen.

Nur wenige Schülerinnen meinten, dass mit der Verwirrung der Geschlechterrollen ein über bloßes Tolerieren anderer Lebensformen und Sexualpraktiken hinausgehendes, nämlich wahrhaft gleichberechtigtes Miteinander möglich wäre. Sie postulierten eine bereits voranschreitende Feminisierung des Männerbildes, da sich der moderne Mann gern metrosexuell zeige und sich so für Frauen attraktiv mache. Auch verändere sich das Vaterbild, da sich ihrer Meinung nach heutzutage mehr Väter intensiver mit ihren Kindern beschäftigen und um Babys kümmern als früher. Die Gleichberechtigung von Frauen sei bald vollzogen, da sie zunehmend in Führungsebenen zu finden seien. Sie verwiesen auf die Bundeskanzlerin Angela Merkel, die Familienministerin Ursula von der Leyen, *Emma*-Chefredakteurin Alice Schwarzer und Frauenquoten, die Gleichberechtigung ermöglichen würden.

Das Verwirren der Rollenbilder wurde dahingehend kritisiert, dass Heranwachsende ohne fehlende Leitbilder sich ihrer Sexualität nicht bewusst werden könnten, sondern von der Vielzahl der gebotenen Rollen verwirrt wären. Dies wurde im Verlauf der weiteren Diskussion als spekulativ abgetan und es wurde darauf verwiesen, dass es doch für Heranwachsende besser sei, sich innerhalb eines breiten Angebotsspektrums ausprobieren zu können als sich als Randgruppenmitglied emanzipieren zu müssen.

Angesichts dieser Unterrichtserfahrungen möchte ich meine Kolleginnen und Kollegen ermutigen, dieses Themengebiet zum Unterrichtsgegenstand zu machen. Ich hoffe auf eine Erforschung des Faktors Schule und Kindergarten für die Gleichberechtigung zwischen Mann und Frau sowie die Akzeptanz vielfältiger Lebensweisen. Ich appelliere an Entscheidungstragende und Berufstätige im Bildungsbereich, sich den Herausforderungen und Fragen der Geschlechterforschung zu stellen.

Literatur

Baacke, D.: Jugend und Jugendkultur. Weinheim 1999.
Butler, J.: Das Unbehagen der Geschlechter. Frankfurt/M. 1991.
Herman, E.: Das Eva-Prinzip. München 2006.

Schröder, A./Leonhardt, U.: Jugendkulturen und Adoleszenz. Verstehende Zugänge zu Jugendlichen in ihren Szenen. Neuwied 1998.

Zu den Autorinnen und Autoren

Cornelia Albani

Prof. Dr. med; Fachärztin für Psychosomatische Medizin und Psychotherapie, Psychoanalytikerin (DGPT, DPV, IPA). Ärztliche Leiterin des Akutbereiches der Schussental Klinik gGmH, Fachkrankenhaus und Rehabilitationsklinik für Internistische Psychosomatik und Psychotherapie, Aulendorf (Sinova-Kliniken Verbund). Supervisorin und Lehrtherapeutin für tiefenpsychologisch fundierte Therapie im Sächsischen Institut für Psychoanalyse und Psychotherapie e.V. Gastwissenschaftlerin an der Selbständigen Abteilung für Medizinische Psychologie und Medizinische Soziologie der Universität Leipzig.

Hendrik Berth

Dr. rer. medic.; Dipl.-Psych.; geb. 1970; Studium der Psychologie in Dresden. 1996 Abschluss als Diplom-Psychologe. 2003 Promotion. 1996-2000 wissenschaftlicher Mitarbeiter an der Technischen Universität Dresden, Pädagogische Psychologie. 2000 wissenschaftlicher Mitarbeiter an der Universität Leipzig, Medizinische Psychologie und Medizinische Soziologie. Seit 2000 wissenschaftlicher Mitarbeiter am Universitätsklinikum Dresden, Medizinische Psychologie und Medizinische Soziologie. Forschungsschwerpunkte: Transformationsforschung, Inhaltsanalyse, Krankheitsbewältigung, Psychologische Aspekte der Humangenetik, Arbeitslosigkeit und Gesundheit.

Lothar Böhnisch

Prof. Dr.; geb. 1944; Studium der Geschichte, Volkswirtschaft und Soziologie an den Universitäten Würzburg und München. 1970 Abschluss als Diplomsoziologe. 1977 Promotion. 1982 Habilitation. 1971-1985 wissenschaftlicher Referent, Abteilungsleiter Deutsches Jugendinstitut. 1981-1984 kommissarischer Direktor des Deutschen Jugendinstituts in München. 1985-1990 Aufbau eines regionalen Forschungszentrums und apl. Professur an der Universität Tübingen. 1990 Gastprofessur an der Universität Zürich. Seit 1991 Professor an der Technischen Universität Dresden, Lehrstuhl Sozialisation der Lebensalter. Lehrbeauftragter an den Universitäten Graz, Bologna, Bozen/Brixen. Forschungsschwerpunkte: Sozialisationsforschung, Genderforschung, Abweichendes Verhalten, Politische Soziologie, Sozialpolitik.

Elmar Brähler

Prof. Dr. rer. biol. hum. habil.; geb. 1946; Studium in Gießen. 1970 Abschluss als Diplommathematiker. 1976 Promotion zum Dr. rer. biol. hum. 1980 Habilitation in Medizinischer Psychologie. 1985 Ernennung zum Honorarprofessor in Gießen. 1969-1994 Tätigkeit am Zentrum für Psychosomatische Medizin in Gießen, Abteilung Medizinische Psychologie. 1991-1994 Gastprofessur im Rahmen des Hochschulsonderprogramms an der Universität Leipzig. Seit 1993 Leiter der Abteilung für Medizinische Psychologie und Medizinische Soziologie der Universität Leipzig. 2002-2005 Prodekan der Medizinischen Fakultät. Seit 2008 Prodekan der Medizinischen Fakultät. Forschungsschwerpunkte: Psychodiagnostik, Psychologische Aspekte von Fruchtbarkeitsstörungen, Verarbeitung chronischer Erkrankungen, Geschlechtsspezifische Aspekte von Gesundheit und Krankheit, Gesundheitliche Identität von Spätaussiedlern und türkischen MigrantInnen, Einstellung und das Wissen zu kontroversen medizinischen und ethischen Fragen in der Reproduktionsmedizin, Arbeitslosigkeit und Gesundheit – Sächsische Längsschnittstudie, Rechtsextreme Einstellungen in Deutschland.

Oliver Decker

Dr. phil., Psychologe; geb. 1968; Studium der Psychologie an der Freien Universität Berlin (FUB). 2003 Promotion. Derzeit Habilitation an der Medizinischen Fakultät der Universität Leipzig. Seit 1997 wissenschaftlicher Mitarbeiter, seit 2004 wissenschaftlicher Angestellter an der Selbständigen Abteilung für Medizinische Psychologie und Medizinische Soziologie der Universität Leipzig. 1997-2003 Lehrbeauftragter für Psychoanalyse am Studiengang Psychologie der FUB. Herausgeber der Zeitschrift *Psychoanalyse – Texte zur Sozialforschung*. Im Konsiliardienst und als Einzeltherapeut tätig. Arbeitsschwerpunkte: Psychosoziale Folgen des gesellschaftlichen und medizinisch-technischen Wandels.

Peter Förster

Prof. Dr. sc. paed.; geb. 1932; Lehrerstudium (Unter- und Mittelstufe, Fach Geschichte) an der Universität Leipzig. 1964 Promotion A, 1971 Promotion B. 1959-1965 wissenschaftlicher Assistent/Oberassistent an der Karl-Marx-Universität Leipzig, Institut für Pädagogik. 1966-1990 Abteilungsleiter im Zentralinstitut für Jugendforschung (ZIJ). Seit 1991 Mitarbeiter der Forschungsstelle Sozialanalysen bzw. des Leipziger Instituts für praktische Sozialforschung (LIPS). Mitarbeit an zahlreichen Projekten der Jugendforschung. Seit 1999 Ruhestand. Forschungsschwerpunkte: Politischer und sozialer Wandel bei Jugendlichen in den neuen Bundesländern.

Frank Irmler

Geb. 1980; Studium auf das höhere Lehramt an Gymnasien für Französisch und Ethik/Philosophie in Leipzig; 1. Staatsexamen 2007. Seitdem Studienreferendar der Sächsischen Bildungsagentur Leipzig und Arbeit am 2. Staatsexamen an der Humboldtschule Leipzig (Gymnasium der Stadt Leipzig). 2002 Gründer des Gesprächskreises Ethik, Philosophien und Schule (GEPS) am Institut für Philosophie der Universität Leipzig; seitdem Mitorganisator der Veranstaltungen des GEPS. Ehrenamtliche Arbeit zur Entwicklung didaktischer Konzeptionen und Unterrichtsentwürfe für das Schulfach Ethik in Sachsen.

Kurt Mühler

Professor für Soziologie, lehrt am Institut für Soziologie der Universität Leipzig auf den Gebieten Sozialisation und Interaktion, abweichendes Verhalten und forschungsbezogene Methodenanwendung. Forschungsgebiete sind Ursachen regionaler Identifikation, Bedingungen für das individuelle Strafverlangen und die Zustimmung zu formeller und informeller Sozialkontrolle, soziale Merkmale chronisch mehrfachgeschädigter Abhängigkeitskranker sowie die Wirkung von Geschlechternormen auf das familiale Verhalten. Publikationen: *Sozialisation. Eine soziologische Einführung* (2008), *Region – Nation – Europa. Die Dynamik regionaler und überregionaler Identifikation* (2006, zus. mit K.-D. Opp), *Chronisch mehrfachgeschädigte Abhängigkeitskranke* (2006, zus. mit H.-J. Leonhardt).

Ilse Nagelschmidt

Prof. Dr.; geb. 1953; Studium der Germanistik, Geschichte und Pädagogik an der Universität Leipzig. 1975-1978 als Lehrerin und 1978-1992 als Assistentin im Hochschuldienst an der Universität Leipzig tätig. 1983 Promotion: *Das Bild der Frau in der DDR-Literatur der fünfziger und sechziger Jahre – untersucht an epischen Werken mit zeitgenössischem Stoff*. Habilitation 1991 über *Frauenliteratur in der DDR – soziales und literarisches Bedingungsgefüge, Wesen und Erscheinungsformen – untersucht an epischen Werken der DDR-Literatur in den siebziger und achtziger Jahren*. Seit 1992 wissenschaftliche Mitarbeiterin und seit 1996 apl. Professorin an der Universität Leipzig. 1994-2002 Gleichstellungsbeauftragte der Universität Leipzig und von November 2002 bis Oktober 2004 Leiterin der Leitstelle für Gleichstellung im Sächsischen Staatsministerium für Soziales. Seit 2005 Direktorin des Zentrums für Frauen- und Geschlechterforschung der Universität Leipzig. Forschungsschwerpunkte: Methoden von Frauen- und Geschlechterforschung, Literatur des 20. Jahrhunderts unter besonderer Berücksichtigung der von Frauen geschriebenen Texte.

Dietulf Sander

Dr.; Kunsthistoriker; geb. 1948; Berufsausbildung als Maurer, Studium der Kunstgeschichte an der Universität Leipzig. Seit 1972 wissenschaftlicher Mitarbeiter am Museum der bildenden Künste Leipzig. 1993 Promotion. Seit 2006 Mitglied des Vorstands des LEMANN e.V. – Netzwerk für Jungen- und Männerarbeit in Leipzig.

Frank Scheinert

Diplomsozialpädagoge (FH); geb. 1960. Freiberuflicher Fortbildner und Organisationsberater. Seit 2000 beteiligt an Projekten, Initiativen und Netzwerken im Bereich Jungen- und Männerarbeit. Seit 2006 Vorsitzender des LEMANN e.V. – Netzwerk für Jungen- und Männerarbeit in Leipzig. 2006/07 Mitbegründer und Vorsitzender der Landesarbeitsgemeinschaft Jungen- und Männerarbeit Sachsen e.V. Referententätigkeit zu den Themen: Jungenarbeit, Männerarbeit, Gender Mainstreaming, geschlechtsbewusste Arbeit in der Jugendhilfe.

Maximilian Schochow

geb. 1973; Studium der Schauspielkunst an der Hochschule für Film und Fernsehen Konrad Wolf sowie der Theaterwissenschaft und Politikwissenschaft an der Universität Leipzig. Promotion 2008: *Die Ordnung der Hermaphroditen-Geschlechter. Eine Genealogie des Geschlechtsbegriffs*. Forschungsschwerpunkte: Gouvernementality Studies und Gender Studies. Aktueller Schwerpunkt: *„Deutsche Defizite" und das „Aussterben Europas". Von der nationalen zur europäischen Bevölkerung?* im Rahmen der Projektgruppe *Die vergangene Zukunft Europas. Kulturwissenschaftliche Analysen zu Wissensordnungen und demografischen Prognosen im 20. und 21. Jahrhundert*. Seit 2006 wissenschaftlicher Mitarbeiter am Lehrstuhl für Politische Theorie und Ideengeschichte am Institut für Politikwissenschaft der Universität Leipzig.

Yve Stöbel-Richter

PD Dr. phil. habil., Dipl.-Soziologin, Magister in Psychologie. Seit 1993 an der Selbständigen Abteilung für Medizinische Psychologie und Medizinische Soziologie der Universität Leipzig tätig. 2004-2007 Juniorprofessorin „Medizinische Soziologie mit dem Schwerpunkt: Soziodemographische Bevölkerungsentwicklung und Medizinisch-technischer Fortschritt". Seit 2008 wissenschaftliche Mitarbeiterin. Forschungsschwerpunkte: Aspekte des Kinderwunsches, Prozesse der Familiengründung, Auswirkungen von Arbeitslosigkeit auf die Gesundheit,

Psychologische Aspekte von Fruchtbarkeitsstörungen, gesellschaftliche Auswirkungen moderner Reproduktionsmedizin.

Kristin Wojke
Geb. 1974; 2002 Abschluss des Studiums der Philosophie, Logik & Wissenschaftstheorie und der Germanistik, danach Promotionsprojekt „Begehren als Praxis. Kritik der Naturalismuskritik in der Geschlechterforschung". Seit 2003 Mitglied des Zentrums für Frauen- und Geschlechterforschung der Universität Leipzig (FraGes) sowie Vorstandsmitglied. Seit 2003 regelmäßig Lehraufträge vom Institut für Philosophie der Universität Leipzig sowie vom FraGes. Seit 2007 Geschäftsführung des FraGes und wissenschaftliche Mitarbeiterin im Projekt „Genderorientierte Verbesserung der Praxisfähigkeit für Studierende und AbsolventInnen". Koordinatorin der Gender-Kritik-Reihe. 2008 Gründungsmitglied und Vorstandsvorsitzende des FraGes-Verein e.V. Leipzig.

Leipziger Gender-Kritik

Herausgegeben von Ilse Nagelschmidt und Kristin Wojke

Band 1 Ilse Nagelschmidt / Kristin Wojke (Hrsg.): Typisch männlich!? Fachtagung zum Welttag des Mannes 2007. 2009.

www.peterlang.de

Christiane Fügemann / Inés von der Linde / Wolf-Rüdiger Minsel

Männer in der Lebensmitte

Frankfurt am Main, Berlin, Bern, Bruxelles, New York, Oxford, Wien, 2008.
176 S., zahlr. Graf.
Studien zur pädagogischen und psychologischen Intervention.
Herausgegeben von Wolf-Rüdiger Minsel und Jürgen Lohmann. Bd. 10
ISBN 978-3-631-58464-4 · br. € 22.80*

Die Männergesundheit ist in jüngster Zeit ins Zentrum des Interesses gerückt. Im Mittelpunkt der hier gesammelten Studien steht, den gesellschaftlichen Trend aufgreifend, insgesamt das mittlere Erwachsenenalter des Mannes, welches unter verschiedenen Perspektiven Beschwerden, Gesundheitsverhalten, berufliches Belastungserleben, Partnerschaft und Sexualität etc. untersucht. Dabei wurden zu jedem Thema Männer im Alter von 40–45 und 55–60 Jahren befragt. Abschließend werden erste Ergebnisse der Evaluation des im Rahmen der Studie entwickelten Präventionsprogramms *„Männlich fit" ab 40* vorgestellt.

Aus dem Inhalt: Männerspezifische Perspektive · Beschwerdeerleben · „Wechseljahre des Mannes" · Partnerschaft und Sexualität · Gesundheitsverhalten · Geschlechtsrollenselbstbild · Kognitive Leistungsfähigkeit · Berufliches Belastungserleben · Lebenszufriedenheit und Stressbewältigung · Präventionsprogramm *„Männlich fit" ab 40*

Frankfurt am Main · Berlin · Bern · Bruxelles · New York · Oxford · Wien
Auslieferung: Verlag Peter Lang AG
Moosstr. 1, CH-2542 Pieterlen
Telefax 00 41 (0) 32/376 17 27

*inklusive der in Deutschland gültigen Mehrwertsteuer
Preisänderungen vorbehalten
Homepage http://www.peterlang.de